DR. MED. CHRISTIAN GUTH

BURKHARD HICKISCH

GRÜNE SMOOTHIES

Die gesunde Mini-Mahlzeit aus dem Mixer

QUALITÄTS G|U GARANTIE

DIE GU-QUALITÄTSGARAN

Wir möchten Ihnen mit den Informationen und Anregungen in di inspirieren, Neues auszuprobieren. Bei jedem unserer Produkt höchste Ansprüche an Inhalt, Optik und Ausstattung.
Alle Informationen werden von unseren Autoren und unserer Fach sgewählt und mehrfach geprüft. Deshalb bieten wir Ihnen eine 100 %ige Qualitätsg

Darauf können Sie sich verlassen:
Wir legen Wert darauf, dass unsere Gesundheits- und Lebenshilfebücher ganzheitlichen Rat geben. Wir garantieren, dass:
- alle Übungen und Anleitungen in der Praxis geprüft und
- unsere Autoren echte Experten mit langjähriger Erfahrung sind.

Wir möchten für Sie immer besser werden:
Sollten wir mit diesem Buch Ihre Erwartungen nicht erfüllen, lassen Sie es uns bitte wissen! Nehmen Sie einfach Kontakt zu unserem Leserservice auf. Sie erhalten von uns kostenlos einen Ratgeber zum gleichen oder ähnlichen Thema. Die Kontaktdaten unseres Leserservice finden Sie am Ende dieses Buches.

GRÄFE UND UNZER VERLAG. *Der erste Ratgeberverlag – seit 1722.*

KGS

THEORIE

Ein Wort zuvor 5

GRÜNE SMOOTHIES: VITALITÄT PUR! **7**

Leichte Zubereitung – großer Nutzen 8

Was macht den grünen Smoothie so besonders? 9

Die Smoothie-Bausteine 10

Superleichte Herstellung 11

Umstellung mit Genuss 12

Tipp: Der Zaubertrank für die ganze Familie 13

Interview: Victoria Boutenko 14

Wohltat für Körper und Seele 16

Info: Entgiftungserscheinungen 17

Die wertvollen Inhaltsstoffe der grünen Smoothies 18

Ein Füllhorn voller Vitalstoffe 19

Tipp: 5 am Tag 21

Nahrungsenzyme 22

Sekundäre Pflanzenstoffe 22

Vitamine 23

Mineralstoffe 23

Aminosäuren 24

Tipp: Der Weiße Gänsefuß 25

Fettsäuren 27

Ballaststoffe 27

Grünes Gold: Chlorophyll 28

Übersicht: Vitalstoffe in Kultur- und Wildpflanzen 29

PRAXIS

GRÜNE SMOOTHIES SELBST MACHEN **31**

Ihr täglicher Vitalstoffquell 32

Das »Smoothie-Prinzip« 33

Extra: Smoothie-Einmaleins 34

Nur »echt« aus dem Mixer 36

Tipp: Basic Smoothie 37

Tipp: Der Mixer 39

Blattgemüse und Obst 40

Extra: 5 wichtige Biosiegel 43

Grünes Herz: Pflanzengrün 44

Tipp: Grüne Vielfalt 45

Wildkräuter 46

Extra: Die Wildkräuterwanderung 47
Tipp: Die »Top 5« der Wildkräuter 48
Wasser aus der Leitung? 50
Tipp: Geeignete Zutaten für grüne Smoothies 52
Was soll nicht in den grünen Smoothie? 56
Extra: Vitalstoff-Vergleich 57

Smoothie-Knowhow 58
Vorbereiten 59
Zerkleinern 60
Genießen 61

REZEPTE FÜR JEDE GELEGENHEIT 65

Basic Smoothies 66
Süße grüne Smoothies 67
Herzhafte grüne Smoothies 70
Extra: Grüne Smoothies für Kinder 72
Zum Löffeln: grüne Vitalstoffsuppen 74
Grüner Pudding-Genuss 76
Oft gefragt: Was Einsteiger wissen wollen 77

Die grüne Kraft gezielt einsetzen 78
Eine neue Lebensweise 79
Das Immunsystem profitiert 80
Besser schlafen 82
Ausgeglichen und geistig fit 84
Tipp: Brainbooster Matcha 85
Entgiften und Entlasten 90
Der Smoothie unterstützt Ihre Fastenkur 96

Abnehmen ohne Jo-Jo-Effekt 98
Die Verdauung optimieren 100
Erfolgreiches Anti-Aging 102
Tipp: »Wunderwaffe« Moringa 105
Grüne Smoothies fürs weibliche Wohlbefinden 106
Grüne Beauty-Smoothies 108
Extra: Top 5 für gesunde Haut 110
Auf natürliche Weise Muskeln aufbauen 112
Mehr Glück in der Liebe 114
Vorsorge gegen Krebserkrankungen 116

SERVICE

Bücher, die weiterhelfen 120
Adressen, die weiterhelfen 121
Register 122
Impressum 127

DIE AUTOREN

Dr. med. Christian Guth ist Arzt für Nervenheilkunde und Psychotherapeut.
Burkhard Hickisch ist Autor, Musiker und Grüne-Smoothies-Enthusiast der ersten Stunde.

»Unsere Nahrungsmittel sollen Heilmittel, unsere Heilmittel Nahrungsmittel sein.«

HIPPOKRATES VON KOS

EIN WORT ZUVOR

Der grüne Smoothie ist die Ernährungsinnovation unserer Zeit. Er hat das ganz besondere Potenzial, unsere Gesundheit, unsere Fitness und unser Wohlbefinden in eine neue Dimension zu heben. Das leckere grüne Vitalstoffpaket verkörpert alles, was Nahrung sein soll: Es ist hochwertig und gesund in der Zusammensetzung und zudem einfach und schnell zubereitet – aus frischen Zutaten, die überall und für jeden Menschen günstig zu haben sind. Mit dem grünen Smoothie schonen Sie Ressourcen, tun sich selbst etwas Gutes und vertiefen Ihre Beziehung zum grünen Herzen der Natur.
Der »kleine Grüne« schmeckt Kleinkindern und Schulkindern ebenso gut wie den Erwachsenen und deckt in jeder Lebensphase, besonders auch in stressreichen Lebenssituationen, den speziellen Bedarf an Gesundstoffen – bis ins hohe Alter.
Der grüne Smoothie schützt uns wirkungsvoll vor den sogenannten Zivilisationskrankheiten und schenkt uns im Alltag mehr Schwung, mehr Widerstandsfähigkeit und mehr Glück. Er ist ein Füllhorn, das die Natur großzügig ausschüttet, um uns täglich mit allen lebensnotwendigen Vitalstoffen zu versorgen.
Wir wünschen Ihnen viel Freude beim Ausprobieren, beim Mixen und Schwelgen!

GRÜNE SMOOTHIES: VITALITÄT PUR!

MIT DEM GRÜNEN SMOOTHIE IST ES EIN LEICHTES, SICH OHNE VIEL AUFWAND GESUND UND LECKER ZU ERNÄHREN. SEIN GEHEIMNIS IST DIE GANZ BESONDERE, VOM MIXER PERFEKTIONIERTE KOMPOSITION AUS GRÜNEN BLÄTTERN UND SÜSSEN FRÜCHTEN.

Leichte Zubereitung – großer Nutzen **8**
Die wertvollen Inhaltsstoffe der grünen Smoothies **18**

LEICHTE ZUBEREITUNG – GROSSER NUTZEN

Der grüne Smoothie enthält so gut wie alle Vitalstoffe, die wir brauchen. Sie befinden sich in den naturbelassenen Blättern und Früchten, die durch den Mixvorgang so fein aufgeschlossen werden, dass der Körper sie mühelos in den Stoffwechsel aufnehmen kann. Im Organismus entfalten die lebenswichtigen Stoffe dann ihre positiven Wirkungen für Gesundheit und Wohlbefinden. Die schönste »Nebenwirkung« des grünen Smoothies: Er gibt uns das Gefühl zurück, auf unserem Planeten gut aufgehoben und mit allem versorgt zu sein. Mit ihm nutzen wir die ganze Fülle des Nahrungsangebots der Natur. Er ist im besten Sinne nachhaltig, denn er stärkt unsere Beziehung zur Region, braucht keine langen Transporte, keinen Verpackungsmüll und industriellen Abfall. Er macht den Körper fit, den Geist klar und bringt die Seele ins Gleichgewicht.

Was macht den grünen Smoothie so besonders?

Das »grüne Wunder« wird im Mixer aus Pflanzengrün und Früchten sowie Wasser hergestellt. Je nach Wasserzugabe können Sie den Smoothie entweder trinken, gern auch mit Strohhalm, oder als Kaltschale löffeln. Im Gegensatz zum Saft, bei dem Früchte und Gemüse ausgepresst werden, kommen in den grünen Smoothie die gesamte Frucht und die gesamte grüne Pflanze mit all ihren gesunden Ballaststoffen und Randschichten – so fein aufgeschlossen, dass auch die festeren Bestandteile für den Körper problemlos zu verwerten sind. Ein schöner Nebeneffekt: Bei der Zubereitung fallen kaum Küchenabfälle an.

Wertvolles wird wertgeschätzt

Das Besondere am grünen Smoothie sind die verwendeten grünen Blätter, die außer dem Zerkleinern nicht weiter verändert werden. Diese unverfälschte Natürlichkeit macht den Smoothie zu einem wahren Wundermittel, das uns effektiv vor Erkrankungen schützt und unser Wohlbefinden dauerhaft steigert.

Ernährungswissenschaftler bestätigen die guten Erfahrungen, die viele Menschen bereits mit den Smoothies gemacht haben: Sie weisen immer wieder darauf hin, dass grüne Blätter über eine extrem hohe Nährstoffdichte verfügen. Dies ist gleichzeitig auch der Grund dafür, warum das Pflanzengrün meist nicht in seiner ganzen Vielfalt genutzt wird: Manche Salatsorten, Gartenkräuter, Blätter der Wurzelgemüse, grüne Kohlsorten, Wildkräuter sowie Blätter von Sträuchern und Bäumen haben oft bittere Aromastoffe, die wir nicht mehr gewohnt sind – vor allem, weil aus bitter schmeckenden Gemüse- und Obstsorten das Bittere zunehmend weggezüchtet wird. Hinzu kommt, dass viele das gründliche Kauen, das die wertvollen Inhaltsstoffe pflanzlicher Nahrung aufschließt und für den Organismus verfügbar macht, nicht mehr gewohnt sind. Grüne Smoothies geben uns die Möglichkeit, grüne Pflanzen und sonst weggeworfene Pflanzenteile in ihrer ganzen Fülle zu nutzen: durch den feinen Mix mit Früchten und das sämige Pürieren im Mixer.

INFO

GRÜNE WURZELN

Der Begriff »green smoothie« wurde 2004 von der Ernährungsexpertin Victoria Boutenko geprägt. Die Grundidee hinter dem Gesundheitskonzept aus dem Glas: Sie brauchen Ihre Ernährung nicht grundsätzlich umzustellen. Essen Sie weiter wie bisher. Fangen Sie einfach an, zusätzlich immer öfter grüne Smoothies zu trinken.

DIE SMOOTHIE-BAUSTEINE

Ein grüner Smoothie besteht grundsätzlich aus den folgenden Zutaten:

50 % Pflanzengrün **50 % Früchte**

Bei der Zusammenstellung ist nicht das Gewicht, sondern jeweils die Füllmenge der Zutaten im Mixer von Bedeutung. Verlassen Sie sich einfach auf Ihr Augenmaß. Der Anteil der grünen Blätter darf gern auch überwiegen, nicht aber der Obstanteil.

Die Zugabe von Wasser verleiht Ihrem Smoothie gegebenenfalls die gewünschte Konsistenz. Probieren Sie hier ruhig immer wieder aus, was Ihnen beim jeweiligen Rezept am besten schmeckt.

Schließlich können Sie Ihre grüne Mahlzeit noch mit geringen Mengen spezieller Zutaten »würzen« und abrunden, etwa mit Ingwer oder Zimt. Entsprechende Tipps finden Sie im Rezeptkapitel ab Seite 65.

Superleichte Herstellung

Die Herstellung von mehreren Portionen grünem Smoothie dauert fünf Minuten, einschließlich Säubern der Küchenutensilien. Sie füllen einfach gesäuberte Beeren oder grob zerkleinerte Früchte sowie grüne Blätter zu gleichen Anteilen in den Mixbehälter, geben die gewünschte Menge Wasser dazu, schalten den Mixer kurz ein, und schon haben Sie Ihre gesunde Mahlzeit. Den Mixbehälter mit Wasser spülen, das Messer und das Schneidbrett ebenso – fertig.

Haltbar durch Antioxidanzien

Der Smoothie bleibt gekühlt drei Tage haltbar, ohne an Wert zu verlieren. Zu verdanken ist das den Antioxidanzien in grünen Blättern, in Schalen und Kernen der Früchte. Sie neutralisieren aggressive Sauerstoffmoleküle (freie Radikale), die für die Oxidation und den Vitalstoffverlust verantwortlich sind. Nach dem Pürieren verteilen sich die Antioxidanzien so fein im Mixgut, dass die Sauerstoffradikale ihre Wirkung nicht entfalten können. Falls Sie Ihren Smoothie also nicht täglich frisch herstellen können, lässt er sich für mehrere Tage vorbereiten.

Jedem seine Lieblings-Smoothies!

Das Schöne am grünen Smoothie ist, dass jeder ihn sich selbst zusammenstellen kann. Neben den eigenen Lieblingsrezepten sollten Sie aber auf Vielfalt achten und immer wieder neue Zutaten probieren. Wichtig ist dabei nur, dass ein bestimmtes Mischungsverhältnis von Früchten und grünen Blättern erhalten bleibt. Je höher der Grünanteil, umso besser und umso bekömmlicher ist das leuchtend grüne Lebenselixier!

INFO

FERTIGE FRUCHT-SMOOTHIES

Wenn Sie gelegentlich auf die praktische Mahlzeit aus dem Kühlregal nicht verzichten wollen, beachten Sie:

- Auf der Zutatenliste sollte nur Obst stehen. Milch, Joghurt, Getreideflocken, Zucker, Verdickungsmittel, Aroma- und Konservierungsstoffe mindern den Wert.
- Fertige Obst-Smoothies sind pasteurisiert. Daher enthalten sie deutlich weniger Vitalstoffe als frisches Obst.
- Fertig-Smoothies enthalten generell weniger Ballaststoffe.
- Der hohe Fruchtzuckeranteil ist ein Dickmacher, da er hungrig macht und den Stoffwechsel durcheinanderbringt.
- Plastikflaschen erzeugen Müll. Die schicken Glasfläschchen können Sie wenigstens zum Servieren Ihrer grünen Smoothies (mit Strohhalm) wiederverwenden.

Umstellung mit Genuss

Sie können sofort starten und müssen Ihre Ernährung nicht umstellen. Beginnen Sie einfach, den grünen Gesundmacher in Ihren täglichen Speiseplan aufzunehmen, und Sie werden die positive Veränderung spüren. Ihr Körper frohlockt, bekommt er doch endlich alle Vitalstoffe, die für das optimale Funktionieren des fein abgestimmten Wunderwerks unseres Organismus nötig sind.

Neue, gute Gewohnheiten

Von der idealen Versorgung, wie sie der grüne Smoothie bietet, und den tollen neuen Aromen kann der Körper nicht genug kriegen. Immer öfter verlangt er nach gesunder, natürlicher Nahrung. Viele Menschen berichten auch davon, dass sie nicht mehr so viel Appetit auf Kaffee haben, dass sie weniger Süßes essen, ihnen Fleisch nicht mehr richtig schmeckt und dass sogar das Rauchen seinen Reiz verloren hat.
Wenn Sie den grünen Schatz für sich entdecken, geschieht die Umstellung auf eine natürlichere Ernährung nicht über Regeln und gute Vorsätze, sondern über die unmittelbaren Bedürfnisse des Körpers. Das ist ein entscheidender Unterschied, denn Sie müssen sich nicht »zwingen«. Sie trennen sich stattdessen fast nebenbei von ungesunden Gewohnheiten und dick machenden Lieblingslebensmitteln, die mit den wohltuenden Wirkungen des grünen Smoothies nicht harmonieren. Oft hören wir, dass jemand überrascht feststellt: »Das brauche ich ja schon lange nicht mehr!«
Mit dem grünen Smoothie können wir vitalstoffreiche Nahrung in einem vorher ungekannten Ausmaß zu uns nehmen und auf diese Weise unsere Leistungsfähigkeit und unser Wohlbefinden steigern.

Immer satt und glücklich

Würde es den grünen Smoothie nicht geben, müsste man ihn erfinden. Er ist ein optimaler Lieferant von Vitalstoffen und ein hochkarätiges, köstliches Genussmittel. Wir haben die Erfahrung gemacht, dass uns nur das dauerhaft befriedigt, was uns wirklich schmeckt. Leider essen und trinken deshalb sehr viele Menschen immer wieder die gleichen Lebensmittel – jene, die sich im Alltag »bewährt« haben. Dadurch bekommt der Körper meist eine sehr einseitige Auswahl an Nährstoffen. Hier tritt der grüne Smoothie auf den Plan: Er überrascht Sie mit immer neuen Geschmackserlebnissen und regt Sie zu immer neuen Variationen an. So bekommt Ihr Körper eine große Vielfalt an Nährstoffen, die essenziell sind für Fitness, Wohlbefinden und gutes Aussehen. Ihr Geschmackssinn wird nach und nach so viel Gefallen an den natürlichen, frischen Lebensmitteln und auch an den aromatischen Extrazutaten bekommen, dass Ihnen bald schon beim Geräusch des Mixers das Wasser im Mund zusammenläuft!

DER ZAUBERTRANK FÜR DIE GANZE FAMILIE

Der grüne Smoothie ist für Menschen jeden Alters und in jeder Lebenslage geeignet. Viel Vergnügen beim gemeinsamen Zubereiten und Ausprobieren!

BABY UND KLEINKIND

Direkt nachdem sie abgestillt sind, können kleine Kinder den grünen Smoothie bereits trinken. Auf diese Weise kommen sie schon in den Genuss rohköstlichen Pflanzengrüns, bevor sich ihr Gebiss so herausgebildet hat, dass sie in der Lage sind, grüne Blätter zu kauen. Etwas später können sie schon beim Sammeln und Ernten helfen und lernen so, dass die grüne Natur uns ernährt.

SCHULKINDER UND JUGENDLICHE

Ältere Kinder bereiten sich den Smoothie spielend leicht selbst zu und sind stolz auf ihre Eigenkreationen. In die Lieblingstrinkflasche gefüllt, ist der leuchtend grüne Smoothie ein cooler Begleiter, um zwischen den Schulstunden die Energiedepots aufzufüllen und für Konzentration zu sorgen.

BERUFS- UND FAMILIENLEBEN

Im Alltag von Erwachsenen ist der grüne Smoothie eine superpraktische Mahlzeit, die neue Kräfte und geistige Frische schenkt – ob zu Hause, am Arbeitsplatz oder unterwegs. So hilft er uns dabei, uns in den Situationen ausreichend mit Vitalstoffen zu versorgen, in denen wir typischerweise zu ungesunden Snacks greifen oder unseren Hunger im Schnellimbiss stillen. Da der Smoothie bis zu drei Tage haltbar ist, lässt er sich prima in Ruhe vorbereiten und kommt je nach Bedarf zum Einsatz. Auch für Picknicks und Ausflüge ist er bestens geeignet.

HÖHERES LEBENSALTER

Senioren haben meist einen erhöhten Nährstoffbedarf, der durch den grünen Smoothie gedeckt werden kann – dies ist besonders wichtig, wenn das Gebiss nicht mehr ausreichend frische Nahrung zerkleinern kann. Die »grüne Medizin« stärkt den ganzen Körper, das Immunsystem, die Konzentrationsfähigkeit und alle Sinne.

INTERVIEW
Victoria Boutenko

Victoria Boutenko stammt ursprünglich aus Russland und lebt seit Ende der 1980er-Jahre in den USA. Sie ist eine weltweit bekannte Rohkost- und Gesundheitsexpertin und gilt als »Entdeckerin« der grünen Smoothies.

Wie bist du auf den grünen Smoothie gestoßen?

Mit 38 Jahren ging es mir gesundheitlich sehr schlecht. Ich hatte Herzrhythmusstörungen, eine Krankheit, an der mein Vater gestorben war. Auch mein Mann und meine Kinder waren nicht gesund. Als die Ärzte uns nicht weiterhelfen konnten, begann ich nach alternativen Heilmethoden Ausschau zu halten. So kam es, dass sich unsere gesamte Familie 1994 auf eine rohköstliche Ernährungsweise umstellte. Unsere Krankheiten verschwanden dadurch, aber nach ein paar Jahren merkten wir, dass immer noch etwas in unserer Ernährung fehlte.

Wie hast du denn schließlich herausgefunden, was fehlte?

Im Jahr 2002 fing ich mit meiner eigenen Forschung an. Ich wollte herausfinden, ob es eine ideale Ernährung für uns heutige Menschen überhaupt gibt, und wenn ja, wie sie aussieht. Irgendwann kam ich auf die Idee, die US-amerikanische Durchschnittsernährung wissenschaftlich mit der von Schimpansen zu vergleichen. Ich kam zu den folgenden Ergebnissen: Obwohl wir zu mehr als 99 Prozent die gleichen Gene wie diese haben, unterscheidet sich unsere Ernährungsweise sehr von der ihren. Besonders auffallend ist, dass die Primaten sehr viel mehr grüne Pflanzen zu sich nehmen. Zuerst versuchte ich deswegen, mehr grünes Blattgemüse zu essen. Aber ich war einfach nicht in der Lage, die notwendige Menge zu mir zu nehmen. Die vielen Salate schmeckten mir nach einer Weile nicht mehr. Da mir jedoch klar war, was für eine wichtige Rolle das Pflanzengrün auch in der menschlichen Ernährung spielt, sann ich nach anderen Möglichkeiten, um reichlich grünes Blattgemüse konsumieren zu können.

Und dann kam die Geburtsstunde des grünen Smoothies ...

Ganz genau! Im Jahr 2004 hatte ich die spontane Idee, einen Kopf grünen Salat zusammen mit einer Handvoll süßer Früchte und einem Schwung Wasser im Mixer fein zu pürieren. Das Ergebnis überraschte mich total. Es war wie ein Wunder. Der liebliche Geschmack der Früchte dominierte über den herben Geruch und Geschmack des Chlorophylls. Die Mixtur hatte zwar eine merkwürdige, leuchtend tiefgrüne Farbe, sie schmeckte aber sehr angenehm nach Früchten und zugleich schön würzig.

Meine Familie und ich fingen sofort damit an, täglich grüne Smoothies zu trinken, was bei uns allen unmittelbar positive Auswirkungen auf die Gesundheit hatte. Mir wurde bewusst, dass es für unsere Gesundheit, Fitness und gute Laune viel wichtiger ist, täglich grüne Smoothies zu trinken, als sich zu hundert Prozent rohköstlich zu ernähren.

Wie haben sich die grünen Smoothies konkret auf dein Leben ausgewirkt?

Grüne Smoothies sind heute ein wichtiger Baustein meiner täglichen Ernährung, auf den ich keinesfalls mehr verzichten möchte. Ich mixe mir jeden Tag grüne Pflanzen und Früchte. Selbst auf Reisen habe ich immer einen kleinen Mixer dabei.

Viele Menschen berichten mir davon, wie gesund und fit sie sich fühlen, seitdem sie grüne Smoothies trinken. Wenn ich selbst nicht täglich zwei oder drei Gläser davon trinke, fange ich an, Hunger zu bekommen und nach Energienachschub in Form von anderen Nahrungsmitteln zu greifen. Wenn ich etwas anderes esse, esse ich aber schnell zu viel und fühle mich danach auch nicht energiegeladen, satt und zufrieden.

Die grünen Smoothies halten mich gesund. Meine körperliche Konstitution ist sehr gut, und ich habe viel Energie. Mir fällt auch auf, dass sich der Alterungsprozess verlangsamt hat. Ich bin jetzt 56 Jahre alt, nehme keine Medikamente und trage keine Brille. Ich habe nur ein paar wenige graue Haare und genieße es, ein aktives Leben zu führen und viel um die Welt zu reisen.

Was ist deine Vision für die Zukunft?

Der grüne Smoothie ist so nahrhaft und lecker und außerdem so leicht zubereitet, dass die meisten Menschen, die ihn probieren, sofort damit anfangen, ihn selbst herzustellen und täglich zu trinken. Grüne Smoothies breiten sich unaufhörlich weiter aus. Ich glaube, der Mixer steht schon bald in jedem Haushalt, in jeder Schule, jeder Fabrik und jedem Krankenhaus neben der Kaffeemaschine, und er wird diese über kurz oder lang überflüssig machen. Ich freue mich auf die Zeit in naher Zukunft, wenn man am Morgen aus dem Haus geht und aus jeder Wohnung und jedem Haus das Getöse des Mixers hört und weiß, dass sich gerade alle ihren grünen Smoothie machen.

Wohltat für Körper und Seele

Rohkostnahrung, wie sie der grüne Smoothie bietet, trägt maßgeblich zur Entgiftung und Reinigung des Körpers bei. Wenn Sie die kleine grüne Mahlzeit dauerhaft in Ihre Ernährung aufnehmen, werden Sie dies bald ganz deutlich spüren.

Entgiftungserscheinungen

Besonders wer es in der anfänglichen Begeisterung etwas übertreibt, nimmt möglicherweise vorübergehend ein Unwohlsein wahr und gelangt zu der falschen Schlussfolgerung, dass er den grünen Smoothie nicht verträgt. Sogenannte Entgiftungserscheinungen können auftreten, wenn in der Nahrung der Rohkostanteil erhöht wird – zu diesem Thema gibt es zahllose Erfahrungsberichte von Rohköstlern. Die Entgiftungserscheinungen können sehr vielfältig und individuell sehr unterschiedlich sein ▸ **siehe rechte Seite**. Ihre Ursache ist nicht eindeutig geklärt, im Wesentlichen geht man davon aus, dass Ausleitungsprozesse auf molekularer und energetischer Ebene stattfinden. Derartige Reinigungssymptome können unterschiedlich lang, oft über Monate, in unterschiedlicher Intensität auftreten. Sie sind prinzipiell positiv zu werten, können aber ungewohnt und vorübergehend unangenehm sein. Letztlich bewirkt mehr Rohkost aber einen gesünderen und weniger krankheitsanfälligen Körper.

Etwas Smoothie-Philosophie

Der grüne Smoothie wirkt nicht nur auf der körperlichen Ebene, er hat auch eine harmonisierende Wirkung auf Geist und Seele. Die Grüne-Smoothie-Expertin Victoria Boutenko hat es auf den Punkt gebracht: Körperlich-geistige Gesundheit ist nicht das einzige Ziel. Unser höheres Ziel als Menschen besteht darin, glücklich zu sein und in Kooperation und Toleranz mit anderen Menschen und der gesamten Schöpfung zu leben. Boutenkos Meinung nach sind wir spirituelle Wesen mit einer spirituellen Mission. Viele Menschen wissen in ihrem Herzen, dass ihr Leben nicht nur in individueller Selbstverwirklichung bestehen kann, sondern noch einen höheren Zweck erfüllen will. Probieren Sie es aus: Der grüne Smoothie fördert Mitgefühl, Ausgeglichenheit und die Besinnung auf das größere Ganze.
Wir Autoren sind davon überzeugt, dass die Menschheit seit jeher eine Einheit bildet. Auf sie sollten wir uns (wieder) besinnen, um zum Wohle aller zu handeln.

TIPP

LANGSAM STEIGERN

Wenn Sie den Anteil der Wildkräuter im Smoothie nur langsam und stetig steigern, werden Sie kaum oder keine Entgiftungserscheinungen spüren.

NATÜRLICH ENTGIFTEN

Wenn Sie mit den grünen Smoothies beginnen, kann sich aufgrund der einsetzenden Entgiftung leichtes Unwohlsein einstellen. Bald werden Sie belohnt!

Recht häufige Entgiftungserscheinungen sind:

- Kopfschmerz, Müdigkeit und Abgeschlagenheit, vermehrtes Schlafbedürfnis
- seelische Labilität
- Schlafstörungen
- Hautunreinheiten
- niedriger Blutdruck
- geringere Ausdauer
- Gewichtsabnahme
- leichte Verdauungsbeschwerden
- Menstruationsprobleme
- Frieren, kalte Hände und Füße

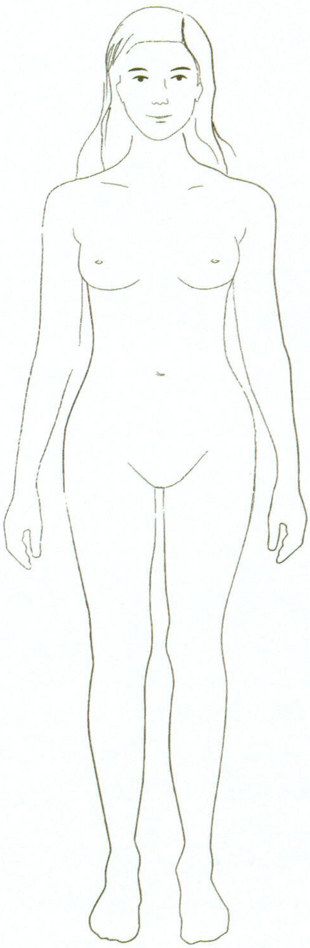

Wenn die Entgiftungsprozesse abgeschlossen sind, kehrt sich das Bild um, und viele positive Phänomene werden spürbar:

- seelische Stabilität
- geringerer Schlafbedarf
- reine Haut
- Ausdauer und Leistungsfähigkeit
- innere Ruhe
- klarer Geist, gute Laune und ein rundum wohliges Körpergefühl
- starkes Immunsystem
- hervorragende Durchblutung aller Körperbereiche

DIE WERTVOLLEN INHALTSSTOFFE DER GRÜNEN SMOOTHIES

Grüne Blätter, Früchte, Sprossen und Samen enthalten in ihrer naturbelassenen Form Substanzen, die den Organismus vor schädlichen Einflüssen schützen und kraftvoll zur Vorbeugung von Erkrankungen und degenerativen Prozessen – wie Arteriosklerose, Herzinfarkt, Gehirnschlag, Krebs, Alzheimer, Parkinson, Depressionen, Stress und Burnout – beitragen können. Pflanzen sind hochwirksame Heilmittel, und fast im Wochentakt erscheinen neue wissenschaftliche Untersuchungen, die den Wert pflanzlicher Inhaltsstoffe zweifelsfrei bestätigen.
Der grüne Smoothie öffnet uns das Tor in das bunte und geheimnisvolle Reich der pflanzlichen Vitalstoffe, ohne dass wir deshalb unseren Leibgerichten abschwören müssen. Wenn Sie grüne Smoothies trinken, können Sie auf Nahrungsergänzungsmittel und Eiweißpräparate verzichten.

Ein Füllhorn voller Vitalstoffe

Das Besondere am grünen Smoothie ist sein Reichtum an Vitalstoffen. Was bedeutet dieser Begriff eigentlich? Er ist eine Wortschöpfung für alle vom menschlichen Körper benötigten und die Gesundheit fördernden Stoffe, die unser Körper nicht selbst produzieren kann und die wir deshalb mit der Nahrung zu uns nehmen müssen.

Vitalstoffe werden oft mit den sogenannten Mikronährstoffen gleichgesetzt – ein vom Chemienobelpreisträger und Begründer der orthomolekularen Medizin, Linus Pauling, geprägter Begriff. Zu den Mikronährstoffen gehören in erster Linie Spurenelemente, Mineralstoffe, Vitamine, essenzielle Fettsäuren, Aminosäuren (Eiweißbausteine) sowie sekundäre Pflanzeninhaltsstoffe.

Von den Mikronährstoffen werden sogenannte Makronährstoffe unterschieden: die Energielieferanten und Baustoffe für den Körper, nämlich Kohlenhydrate (Zucker), Eiweiße (Proteine) und Fette (Lipide).

Außerdem sind als weitere wesentliche Nahrungsbestandteile die Ballaststoffe zu nennen – weitgehend unverdaulich und nur in pflanzlichen Lebensmitteln enthalten – sowie die Gruppe der sogenannten Nahrungsenzyme. Diese speziellen Proteine spielen eine sehr zentrale Rolle für die optimale Verwertung der Nahrungsbestandteile, und sie kommen praktisch nur in unveränderten Naturprodukten vor.

Mangel im Überfluss

Während unsere Nahrung im Allgemeinen reich an Kalorien aus den Makronährstoffen ist, fehlt es häufig an vielen Mikronährstoffen. Obwohl beispielsweise die Bedeutung von Vitaminen schon sehr lange bekannt ist, haben Ärzte bis vor Kurzem kaum beachtet, wie wichtig eine gesunde Ernährung ist. Die oftmals schlechte, fettreiche und vitalstoffarme Krankenhauskost erinnert noch heute an diese Haltung.

Mittlerweile wurde in zahlreichen Studien bewiesen, dass besonders der Anteil von grünen Pflanzen in unserer Nahrung viel zu gering ist. Dies verwundert kaum, denn rohes Pflanzengrün schmeckt oft bitter und ist kaum in ausreichender Menge zu kauen.

Erst durch den grünen Smoothie haben wir die ideale »Zubereitungsart« zur Verfügung.

INFO

NÄHRSTOFFNACHSCHUB

Die regelmäßige Zufuhr an Mikronährstoffen ist enorm wichtig, um langfristig gesund und geistig fit zu bleiben. Mikronährstoffe werden nämlich laufend »verbraucht« – sie werden vom Organismus auf-, ab- und umgebaut und können in natürlicher Form nicht »auf Vorrat« verzehrt werden. Der schnell zubereitete grüne Smoothie kommt hier genau richtig.

Vitalkost versus Kochkost

Rohkost, besser Vitalkost, ist erheblich nährstoffreicher als gekochte Nahrungsmittel. Beim Erhitzen auf über 42 °C werden zunächst Eiweiße wie Nahrungsenzyme und bei steigenden Temperaturen auch einige Vitamine und sekundäre Pflanzeninhaltsstoffe verändert und zerstört (Denaturierung). Trotz dieser enormen Qualitätseinbußen ist erhitztes Essen zur weitverbreiteten Ernährungsgrundlage geworden. Das meistgenannte Argument für Kochen, Braten, Backen lautet, dass erhitzte Nahrung besser verdaulich sei.

Tatsächlich bekommen viele Menschen nach dem Verzehr von rohem Obst und Gemüse Bauchschmerzen, Blähungen und Durchfall. Das hängt damit zusammen, dass wir meist viel zu wenig kauen (»vorverdauen«). Dadurch kann der Darm die Pflanzenfasern wie Zellulose nur unvollständig aufschließen, und so kommt es zu Fäulnisprozessen, es entstehen schädliche Gase. Dies lässt sich vermeiden, indem Rohkost, bevor sie in den Dünndarm gelangt, in Partikel von weniger als 1 Millimeter Durchmesser zerkleinert wird und die Zellwände der Pflanzen vollständig aufgebrochen werden. Vorbilder sind pflanzenfressende Tiere, die durch stundenlanges Kauen und Wiederkäuen die nötige Vorverdauung von roher Pflanzenkost erledigen. Der Mensch ist vom gründlichen Kauen abgekommen, er schließt die Nahrung lieber durch Erhitzen auf.

Indem wir grüne Pflanzen zusammen mit Früchten zu einem sämigen Smoothie pürieren, steht uns das ganze Angebot hitzeempfindlicher Nahrungsbestandteile wieder in optimaler Qualität zur Verfügung. »Rohkost« wird tatsächlich zu »Vitalkost«, weil lebendige Bestandteile wie Nahrungsenzyme unverändert in unseren Organismus gelangen und seine Enzymreserven stärken.

GRÜNE WOHLTAT

Je kleiner die durch den Mixvorgang entstehenden Pflanzenpartikel sind, desto leichter gelangen sie vom Dünndarm ins Blut. Entscheidend ist dabei, dass der Nahrungsbrei nicht zu lange im Magen verweilt, sonst kommt es durch die Magensäure zur Zerstörung der Nahrungsenzyme (so wie es auch bei schlecht gekauter Rohkost der Fall ist). Durch den Mixvorgang werden die Pflanzen »vorverdaut«, das entlastet Magen und Darm massiv. Wer Probleme mit Rohkost hat, verträgt daher grüne Smoothies gut. Ein fein pürierter grüner Smoothie verweilt extrem kurz im Magen und führt dem Körper in hoher Konzentration all die Vitalstoffe zu, an denen es gekochter Nahrung mangelt. Der grüne Smoothie ist ein genialer Ernährungsbaustein, weil der Mixer uns dabei hilft, unsere naturbelassene Nahrung so aufzuschließen, dass wir die lebensnotwendigen Vitalstoffe in bislang unbekanntem Ausmaß aufnehmen können. Genau das macht ihn zur Ernährungsinnovation!

5 AM TAG: MIT DEM SMOOTHIE GANZ EINFACH

Der von der Deutschen Gesellschaft für Ernährung (DGE) unterstützte Verein 5 am Tag e. V. empfiehlt, deutlich mehr Gemüse und Obst zu essen:

Fünf Portionen (jeweils so viel, wie in die eigene Hand passt) sollen es über den Tag verteilt sein. Rohkost ist Gekochtem vorzuziehen, als Alternative zum Kochen empfiehlt der Verein das schonende Dampfgaren. Der Anteil an Gemüse sollte bei den 5 Portionen der höhere sein: Ein Erwachsener deckt mit täglich rund 650 Gramm pflanzlicher Nahrung seinen Bedarf, davon 400 Gramm in Form von Gemüse und 250 Gramm in Form von Früchten. So wird der Körper mit so gut wie allen Vitalstoffen versorgt, den häufigsten »Wohlstandserkrankungen« wie Herzinfarkt und Diabetes sowie Krebserkrankungen wird vorgebeugt.

WARUM SIND WIR GEMÜSEMUFFEL?

Die Praxis zeigt, dass der empfohlene Wert noch lange nicht erreicht ist. Meist beschränkt sich der Obst- und Gemüseverzehr auf einen Beilagensalat und vielleicht einen Apfel oder eine Banane, wenn überhaupt. Warum wir nach wie vor Obst- und Gemüsemuffel sind, hat viele Gründe. Einer ist, dass gründliches Kauen Zeit braucht, uns aber oft die Muße beim Essen fehlt. Hinzu kommt, dass unsere Zähne an weiche, gekochte Speisen gewöhnt sind. Wenn wir doch einmal rohe Pflanzenkost essen, kauen wir sie viel zu wenig – die kostbaren Nährstoffe gelangen so nur zu einem Bruchteil in unseren Körper, der Rest wird ungenutzt ausgeschieden. Dass Magen und Darm mit der Verdauung überlastet sind, ist unmittelbar zu spüren an unangenehmen Blähungen und Durchfällen. Das nimmt uns die Lust an Rohkost.

DER SMOOTHIE SCHLIESST DIE LÜCKE

Der grüne Smoothie bietet uns die Möglichkeit, große Mengen vitalstoffreiche Rohkost in praktischer, leckerer und sehr bekömmlicher Form zu uns zu nehmen. Die Nährstoffe werden rasch und vollständig über den Magen-Darm-Trakt aufgenommen, gelangen zur Leber, die alles verteilt und dorthin schickt, wo es im Organismus gebraucht wird. So gelingt »5 am Tag«! Der Link zur Aktion, mit vielen Tipps für Kinder und Erwachsene: www.5amtag.de

Nahrungsenzyme

Enzyme, früher Fermente genannt, sind (fast immer) Eiweiße. Sie spielen eine zentrale Rolle bei lebenswichtigen chemischen Reaktionen in unserem Körper und wirken dort als Katalysatoren (Reaktionsbeschleuniger). Enzyme schaffen also die Voraussetzungen dafür, dass wir reibungslos funktionieren können. Seit den bahnbrechenden Forschungen von Edward Howell (»Enzyme Nutrition: The Food Enzyme Concept«) wissen wir, dass wir Bausteine dieser Enzyme mit der täglichen Nahrung zu uns nehmen müssen. Frisches Obst und Gemüse sind voll von Nahrungsenzymen, die unser Körper direkt aufnehmen kann. Allerdings werden sie durch Erhitzen oder chemische Behandlung zerstört. Deshalb ist der Verzehr von roher Vitalkost so wichtig, und es gibt keine bessere Quelle für Nahrungsenzyme als grüne Smoothies. Zusammen mit all seinen Nährstoffen liefert der grüne Smoothie die Enzyme für deren Verstoffwechselung gleich mit, sodass die Enzymreserven des Körpers nicht angegriffen werden.

Im Smoothie sofort verfügbar

Weil die Smoothie-Zutaten beim Mixvorgang sehr fein zerkleinert werden, sind alle Nahrungsenzyme sofort verfügbar. Zudem passiert der Smoothie sehr rasch den Magen, sodass die Magensäure keine Zeit hat, die Verdauungsenzyme zu deaktivieren.

Sekundäre Pflanzenstoffe

Im abwechslungsreichen grünen Smoothie kommt den sekundären Pflanzeninhaltsstoffen eine besondere Bedeutung zu. Sie werden auch als bioaktive Stoffe bezeichnet, weil sie teils sehr starke biochemische Wirkungen entfalten können. Der Pflanze dienen sie in erster Linie als Abwehrstoffe gegen Fressfeinde und Krankheitserreger. Andererseits locken sie als Farb- und Aromastoffe Insekten und Früchtefresser an, die nach ihrer Mahlzeit beziehungsweise ihrer Pollenernte dafür sorgen, dass Pollen und Samen der Pflanze verteilt werden.
Man geht nach heutigem Stand von mindestens 100 000 Einzelsubstanzen aus, die in Gruppen eingeteilt werden: Flavonoide, Carotinoide, Tannine, Lignine, Alkaloide, Phytoalexine, Terpene und viele andere. In der Naturheilkunde sind sie von großer Bedeutung. Beispielsweise …

- senken Polyphenole aus dem Granatapfel den Blutdruck.
- wirken Saponine und Flavonoide aus grünen Blättern entzündungshemmend.
- verbessern Phytosterine aus Äpfeln die Blutfettwerte.
- sind Carotinoide aus Möhren und anderem gelben bis roten Gemüse und Obst kraftvolle Antioxidanzien.

Die grünen Smoothies versorgen Sie mit einer riesengroßen Vielfalt an sekundären Pflanzenstoffen!

Vitamine

Vitamine sind essenzielle organische Verbindungen, die unser Körper für lebensnotwendige Funktionen benötigt, aber selbst nicht ausreichend herstellen kann (mit Ausnahme von Vitamin D, das er mithilfe von genügend Sonnenlicht bilden kann). Ein Mangel macht sich oft schleichend bemerkbar und kann schwere gesundheitliche Folgen haben. Viele Menschen hierzulande leiden unter einem Mangel von Vitamin C, D, E oder Folsäure. Alle Vitamine finden wir reichlich in den Smoothie-Zutaten, bis auf Vitamin B_{12}, das in für uns verwertbarer Form nur aus tierischen Produkten gewonnen werden kann (Ausnahme: Afa-Alge). Achten Sie bei der Zusammenstellung Ihrer grünen Smoothies immer auf Abwechslung und Vielfalt, um stets alle Vitamine in ausreichender Menge zur Verfügung zu haben.

Kein Ersatz: künstliche Vitamine

Zahlreiche Forschungen haben gezeigt, dass künstlich hergestellte Vitamine, wie sie in den meisten Vitamintabletten oder als Zusatzstoffe in Lebensmitteln enthalten sind, gesundheitsschädlich sein können. Nur gemeinsam mit den anderen in Pflanzen vorkommenden Mikronährstoffen können Vitamine ihre wichtigen Funktionen entfalten. Das ist ein starkes Argument für den grünen Smoothie, der nur pflanzliche Zutaten in ihrer natürlichen Gesamtheit enthält!

Mineralstoffe

Unser Körper braucht für sein reibungsloses Funktionieren verschiedene Mineralstoffe aus der Nahrung. Im Körper fungieren sie als Aufbau- oder als sogenannte Regelstoffe, die viele Abläufe steuern. In größeren Mengen benötigte Mineralien werden als Mengenelemente oder Elektrolyte bezeichnet, etwa Kalzium für feste Knochen und gesunde Zähne. In geringen Mengen benötigte nennt man Spurenelemente, wie Eisen für die Blutbildung und Sauerstoffversorgung oder Zink für gute Laune, gute Konzentration und angemessene Gewichtsregulierung.

INFO

VITAMIN C

Bestimmte Vitamine sind in grünen Pflanzen besonders reich vorhanden, etwa Vitamin C. Im stressigen Alltag kann der Bedarf daran enorm steigen. Es hält die Zellen jung, verringert deutlich das Risiko für Herzinfarkt und Schlaganfall, senkt den Cholesterinspiegel, schützt vor Krebs, grauem Star, Magengeschwüren ... Natürliches Vitamin C kann praktisch nicht überdosiert werden. Besonders reich daran sind Wildkräuter wie Brennnessel (doppelt so viel wie Zitronensaft), Scharbockskraut und Giersch.

INFO

FÜR KNOCHEN UND ZÄHNE

Fast jede Pflanze enthält den Zahn- und Knochenbaustoff Kalzium, besonders Grünkohl und Petersilie, ideale Smoothie-Zutaten! Magnesium ist wichtig für die Entgiftung. Der dritte im Bunde ist der Baustoff Phosphor, nach Kalzium der am meisten benötigte Mineralstoff im Körper und in jeder Pflanze vorhanden.

Da die meisten Mineralien rasch verbraucht sind, müssen sie schnell nachgeliefert werden. Grüne Smoothies sind eine exzellente Quelle, da alle Pflanzen mineralstoffreich sind. Im Blattgrün sind dabei mehr Mineralstoffe enthalten als etwa in der Wurzel. Werfen Sie Radieschen-, Kohlrabi- und Möhrengrün in den Mixer statt in den Abfall!

Aminosäuren

Eiweiß (Protein) ist lebensnotwendig. Seine Grundbausteine sind Aminosäuren, von denen der Körper die meisten selbst herstellen kann. Acht Aminosäuren – bei Kindern zehn – kann er jedoch nicht selbst produzieren. Diese werden als essenzielle Aminosäuren bezeichnet und sind der Grund, warum wir Eiweiß zu uns nehmen müssen. Lange Zeit herrschte die Meinung vor, dass der Mensch für Kraft und Gesundheit viel Eiweiß braucht; Fleisch, Eier und Milchprodukte wurden als unverzichtbare Quellen für Eiweiß betrachtet. Mittlerweile hat ein Umdenken stattgefunden: Wissenschaftler weisen immer deutlicher darauf hin, dass der hohe Anteil an tierischem Eiweiß in unserer Nahrung gesundheitsschädlich ist. Das hat damit zu tun, dass Fleisch und Milchprodukte komplexe Proteine in hochkonzentrierter Form enthalten, die unser Verdauungssystem oft nicht vollständig abbauen kann. Zudem enthält Fleisch eine hohe Konzentration an Purinen, die im Stoffwechsel zu Harnsäure abgebaut werden. Die daraus folgende Übersäuerung ist an Wohlstandserkrankungen wie Übergewicht, Arteriosklerose, Herzinfarkt, Krebs, Osteoporose, Gelenkrheumatismus und Alzheimer beteiligt. Ernährungswissenschaftler empfehlen, die tägliche Harnsäureproduktion im Körper solle 300 Milligramm nicht übersteigen. Dieser Wert wird durch den Konsum von 100 Gramm Fleisch erreicht, bei 100 Gramm Innereien zwei- bis dreifach! Durch grüne Blätter entsteht vergleichsweise wenig Harnsäure: Aus 100 Gramm grünen Blättern werden etwa 5 bis 15 Milligramm Harnsäure gebildet, wobei nur Spinat mit rund 30 Milligramm etwas stärker zu Buche schlägt. Auch tragen grüne Blätter zur Basenbildung bei, was das Säure-Basen-Gleichgewicht im Körper stärkt.

DER WEISSE GÄNSEFUSS: »UNKRAUT« VOLLER VITALSTOFFE:

Das graugrüne Kraut ist im Garten und auf dem Balkon allgegenwärtig. Im grünen Smoothie läuft es wie viele andere Wildkräuter mit seinen wertvollen Inhaltsstoffen zu Hochform auf!

Allergien vermeiden

Eiweiße (Proteine) aus Milch(produkten) haben ein hohes Potenzial, bei Kindern Allergien und Folgeerkrankungen auszulösen. Im Vordergrund stehen Beschwerden des Magen-Darm-Trakts sowie Hauterkrankungen wie Neurodermitis und auch Atemwegserkrankungen. Eiweiß aus grünen Pflanzen ist hier eine ideale Alternative.
Für eine ausgewogene Ernährung sollte pflanzliches Eiweiß etwa 10 Prozent der täglich aufgenommenen Nahrungsenergiemenge darstellen. Das entspricht beim Erwachsenen etwa 50 Gramm Eiweiß. Grüne Smoothies sind eine hervorragende Eiweißquelle. Im Vergleich zu Fleisch enthalten grüne Blätter weniger komplexe Proteine, sondern viele einzeln vorkommende Aminosäuren, die der Körper sich bedarfsgerecht »zusammenbaut«. Es ist heute wissenschaftlich erwiesen, dass der Mensch, auch in der Kindheit, für Wachstum und Gesundheit kein tierisches Eiweiß braucht.
Im Unterschied zu tierischem Eiweiß ist pflanzliches Eiweiß arm an Purinen, die im Organismus zu gesundheitsschädlichen Säuren abgebaut werden.
Grüne Blätter enthalten alle essenziellen Aminosäuren, die der Mensch braucht, wie die Tabelle unten zeigt. Um den Tagesbedarf an Eiweiß gut zu decken, braucht ein Erwachsener etwa 200 Gramm grüne Blätter.

INFO

ANTEIL ESSENZIELLER AMINOSÄUREN AM GESAMT-EIWEISSGEHALT

Aminosäure	Rindermuskel	Blattgemüse
Lysin	7,05 %	4,96 %
Tryptophan	1,13 %	1,65 %
Phenylalanin	4,26 %	3,91 %
Methionin	2,87 %	2,00 %
Threonin	4,00 %	3,57 %
Leucin	6,70 %	9,58 %
Isoleucin	5,48 %	4,69 %
Valin	5,04 %	5,21 %
Gesamt:	36,53 %	35,57 %

*Quelle: H.A. Schweigart und G. Quellmalz

Fettsäuren

Der menschliche Körper benötigt Fett, um einwandfrei funktionieren zu können. Unser Gehirn besteht beispielsweise zu 60 Prozent aus Fett, und jede Zelle braucht für ihre Arbeit verschiedene Fette. In diesem Punkt hat in jüngster Zeit ein Umdenken eingesetzt. Wurde noch vor wenigen Jahren fettreiches Essen pauschal verurteilt, hat man heute den Wert von Fett in der Nahrung wiederentdeckt. Allerdings ist es entscheidend, gesunde Fette zu sich zu nehmen und schädliche Fette zu vermeiden. Eine moderne Ernährungsempfehlung lautet, dass das aufgenommene Fett zu einem Drittel aus gesättigten Fettsäuren, wie beispielsweise Kokosöl in naturbelassener Rohkostqualität, und zu zwei Dritteln aus ungesättigten Fettsäuren bestehen sollte. Grüne Blätter enthalten wertvolle Fettsäuren, die Ihnen über den grünen Smoothie zugutekommen.

- Besonders wichtig sind die mehrfach ungesättigten Omega-3-Fettsäuren, die wir in Lein-, Sesam- und Hanfsamen, Spinat, Weinblättern und Lauch finden.
- Essenziell sind auch Omega-6-Fettsäuren. Sie sind in fast allen Pflanzenkeimlingen, im Rosenkohl, in der Schwarzen Johannisbeere und im Möhrengrün vorhanden und sollten im Verhältnis von etwa 1 : 4 zu den Omega-3-Fettsäuren stehen. Viele Pflanzen, darunter Avocados, enthalten beide Formen ungesättigter Fettsäuren.
- Nicht essenziell, aber dennoch sehr wertvoll ist die Omega-9-Fettsäure (Ölsäure), die besonders reichlich in Oliven vorkommt. Sie wird dafür verantwortlich gemacht, dass Menschen, die viel Olivenöl essen, deutlich weniger Herz-Kreislauf-Erkrankungen haben.

Ballaststoffe

Pflanzen enthalten sehr viele Ballaststoffe. Wasserunlösliche Ballaststoffe wie beispielsweise Zellulose oder Lignin unterstützen die Verdauung, sie sorgen für eine kräftige Darmtätigkeit und die rasche Ausscheidung von Schadstoffen. Dadurch werden chronische Entzündungen der Darmschleimhaut wie Divertikulitis (eine häufige Erkrankung älterer Menschen) verhindert, und das Darmkrebsrisiko wird herabgesetzt. Außerdem binden Ballaststoffe Gallensalze an sich, was indirekt zu einer Senkung des Cholesterinspiegels führt.

Wasserlösliche Ballaststoffe (etwa Schleimstoffe und Pektin) werden von Darmbakterien zu Fettsäuren abgebaut, die dann die Darmschleimhaut gesund halten.

Leider ist unsere »normale« Nahrung recht arm an diesen wichtigen Stoffen, was zu ernsthaften Gesundheitsproblemen, vor allem des Verdauungstrakts, führen kann. Da Ballaststoffe immer mit viel Flüssigkeit eingenommen werden sollten, ist der grüne Smoothie ideal: Er enthält beides reichlich.

Grünes Gold: Chlorophyll

Chlorophyll färbt die Pflanzen und den Smoothie grün. Es wird mithilfe von Sonnenlicht in der Pflanze gebildet. Vereinfacht gesagt: Chlorophyll wandelt Licht in Kohlenhydrate um und liefert so der Pflanze die Wachstumsenergie, dies nennt man Photosynthese. Es ist in seiner chemischen Struktur dem menschlichen Blutfarbstoff Hämoglobin ähnlich, mit dem Unterschied, dass es statt Eisen Magnesium enthält.

Chlorophyll ist ein wesentlicher Grund, weshalb grüne Smoothies so gesund sind. Neueste Forschungsergebnisse in der Krebstherapie lassen die Bezeichnung »Wundermittel« nicht übertrieben erscheinen. Wissenschaftler am Linus Pauling Institute in Corvallis, Oregon, fanden etwa heraus, dass Chlorophyll beim Neutralisieren von Darmkrebszellen zehnmal wirksamer ist als herkömmliche Chemotherapeutika.

Besonders bemerkenswert ist, dass selbst große Mengen von Chlorophyll keine schädigenden Auswirkungen auf den Menschen haben – ganz im Unterschied zu einer herkömmlichen Chemotherapie, die Schwäche, Übelkeit, Haarausfall und vieles mehr verursacht. Die Wissenschaftler konnten außerdem zeigen, dass Chlorophyll in der Lage ist, krebserregende Stoffe, etwa aus Zigarettenrauch, gebratenem Fleisch und Schimmelpilzen, wirksam zu neutralisieren. Aus diesen Gründen arbeitet die pharmazeutische Industrie bereits daran, Chlorophyll als Arzneimittel für die Chemotherapie einzusetzen. Chlorophyll hat noch viele weitere gesundheitsfördernde Eigenschaften, von denen erst einige erforscht sind:

- Mithilfe von Chlorophyll wird im Körper Sauerstoff angereichert, was die Krebsgefahr reduziert: Krebszellen vermehren sich nur im sauerstoffarmen Zellmilieu.
- Erwiesen ist auch, dass Chlorophyll als sogenannter natürlicher Chelatbildner giftige Schwermetalle wie Blei oder Quecksilber (ebenfalls Risikofaktoren für Krebs) aus dem Körper entfernen kann.

Mehr dazu lesen Sie auf Seite 116.

Gezielte Krebsvorbeugung

Um seinen wichtigen Beitrag zum Schutz vor Krebserkrankungen leisten zu können, sollte Ihr Smoothie möglichst viel Chlorophyll enthalten. Je dunkler das Grün einer Pflanze ist, desto mehr Pflanzenfarbstoff enthält sie.

- Unter den Kulturpflanzen sind viele Kohlsorten reich an Chlorophyll.
- Fast ebenso chlorophyllhaltig sind Spinat, Petersilie und Kresse.
- Besonders viel Chlorophyll enthalten jedoch Wildkräuter, wie Löwenzahn, Brennnessel, Taubnessel und Wegerich.
- Sehr chlorophyllreich sind außerdem Spirulina-, Chlorella- oder Afa-Algen.

Nutzen Sie diese Chlorophyllquellen täglich für Ihre grünen Smoothies!

VITALSTOFFE* IN KULTUR- UND WILDPFLANZEN

Bei den Produkten der konventionellen Landwirtschaft nimmt der Vitalstoffgehalt stetig ab. Wild wachsende Pflanzen haben dagegen noch ihre natürlichen Vitalstoffe.

Kulturgemüse	Wasser	Kalium	Phosphor	Magne-sium	Kalzium	Eisen
Chinakohl	95,4	202	–	11	40	0,6
Kopfsalat	95,0	224	33	11	37	1,1
Chicorée	94,4	192	26	13	26	0,7
Feldsalat	93,4	421	49	13	35	2,0
Mangold	92,2	376	39	–	103	2,2
Weißkohl	92,1	227	27,5	23	46	0,5
Blumenkohl	91,6	328	54	17	20	0,6
Spinat	91,6	633	55	58	126	4,1
Grünkohl	86,3	490	87	31	212	1,9
Rosenkohl	85,0	411	83	22	31	1,1
Mittelwert	**91,7**	**350**	**50,4**	**22,1**	**67,6**	**1,5**

Wildgemüse	Wasser	Kalium	Phosphor	Magne-sium	Kalzium	Eisen
Vogelmiere	91,5	680	54	39	80	8,4
Löwenzahn	89,9	590	68	23	50	1,2
Franzosenkraut	87,8	390	56	56	410	14,0
Gänseblümchen	87,5	600	88	33	190	2,7
Weißer Gänsefuß	86,9	920	80	93	310	3,0
Brennnessel	84,8	410	105	71	630	7,8
Wilde Malve	82,0	450	95	58	200	5,1
Guter Heinrich	81,7	730	95	66	110	3,5
Schmalblättriges Weidenröschen	75,0	450	94	81	150	2,7
Mittelwert	**85,2**	**580**	**82**	**57,8**	**237**	**4,3****
Tagesbedarf Erwachsene in mg		**3 000 – 4 000**	**800**	**300 – 350**	**800**	**12 – 18**

*Wassergehalt in %, Mineralstoffgehalt in mg pro 100 g essbarem Anteil; **ohne Franzosenkraut.
Quelle: Steffen Guido Fleischhauer: Enzyklopädie der essbaren Wildpflanzen, S. 11

GRÜNE SMOOTHIES SELBST MACHEN

STARTEN SIE SOFORT: SIE MÜSSEN KEINE BESONDEREN VORAUSSETZUNGEN ERFÜLLEN UND KEINEN GÜNSTIGEN ZEITPUNKT ABWARTEN, SONDERN KÖNNEN HEUTE NOCH DAMIT ANFANGEN, DEN LECKEREN POWERDRINK AUSZUPROBIEREN.

Ihr täglicher Vitalstoffquell **32**
Smoothie-Knowhow **58**

IHR TÄGLICHER VITALSTOFFQUELL

Haben Sie sich schon einmal gewünscht, wieder jeden Morgen vital und erfrischt, bereit zu neuen Taten aus dem Bett zu hüpfen? Träumen Sie davon, sich keine Sorgen mehr um Ihre körperliche und geistige Gesundheit und Fitness machen zu müssen? Wollen Sie Ihre Potenziale besser ausschöpfen? Möchten Sie zu jeder Zeit rundum gut mit allem versorgt sein, was Ihr Körper braucht? Der grüne Smoothie macht diese Träume und Wünsche wahr. Er hat bereits Ernährungsgeschichte geschrieben! Lassen Sie sich zu einem neuen Abenteuer in Ihrer Küche inspirieren. Der grüne Energietrunk wird auch Ihr Leben in vielerlei Weise bereichern. Auf den folgenden Seiten lesen Sie Schritt für Schritt, was Sie brauchen, worauf Sie achten sollten, welche Zutaten sich eignen und wie Ihnen der Einstieg in die Smoothieproduktion spielend gelingt.

Das »Smoothie-Prinzip«

Richten Sie sich doch in Ihrer Küche einen kleinen »Grüne-Smoothies-Bereich« ein. Dazu gehören Ihr Mixer, ein großes Schneidbrett, ein kleines Schälmesser und ein größeres scharfes Messer mit glatter Klinge. Dann können Sie ohne große Vorbereitung immer sofort loslegen. Auf dieser und den nächsten Seiten lesen Sie, was einen »original« grünen Smoothie ausmacht.

Grundwissen für die Zubereitung

- Für Ihren grünen Smoothie brauchen Sie keine Waage: Wenn Sie sich nach Augenmaß an die Fifty-fifty-Regel halten, kann eigentlich nichts schiefgehen. Füllen Sie einfach Ihren Mixbehälter jeweils zur Hälfte mit süßen Früchten und grünen Blättern und fügen Sie bis zu einem halben Liter Wasser hinzu.
- Je nachdem, wie »luftig« die grünen Blätter sind, kann ihr Volumen auch mehr als die Hälfte des Mixerinhalts ausmachen. Aber die Hälfte sollte es mindestens sein!
- Sie beginnen immer mit der niedrigsten Drehzahl des Mixers. Sobald das Schneidwerk die Früchte und Pflanzen voll erfasst hat und sie zu zerkleinern und zu vermischen beginnt, steigern Sie die Drehzahl zügig bis zur höchsten Stufe.
- Die Zutaten werden so lange auf höchster Stufe püriert, bis alles »aufgelöst« und der Inhalt des Mixbehälters schön sämig und homogen ist. Es ist faszinierend, zu beobachten, wie sich die bunten Früchte mit den grünen Blättern zu einem immer neuen, leuchtenden Farbton vereinigen.
- Der Smoothie kann kühl und dunkel im Kühlschrank drei Tage gelagert werden – daher ist er wie geschaffen für eine gut durchdachte Vorratshaltung und Planung der Mahlzeiten im Alltag.
- Tipps zu den Feinheiten der Smoothie-Herstellung finden Sie auf der nächsten Doppelseite.

TIPP

KEIN OBST AM ABEND?

Der grüne Smoothie macht Schluss mit der Vorstellung, dass Rohkost zum Abendessen Verdauungsprobleme auslöst. Durch das feine Mixen wird die Pflanzenzellulose so stark zerkleinert, dass Smoothies zu jeder Tageszeit bestens verträglich sind. Die Abendmahlzeit sollte generell mindestens drei Stunden vor der Nachtruhe stattfinden, damit der Körper in der nächtlichen Fastenphase entlastet wird. Besonders Fruchtzucker kann den Stoffwechsel durcheinanderbringen und die nächtliche Fettverbrennung sowie Reparatur- und Regenerationsprozesse behindern.

DAS SMOOTHIE-EINMALEINS

Der grüne Smoothie ist eine Zubereitungsart mit »Gelinggarantie« – wenn Sie die Grundsätze von der vorigen Seite sowie ein paar Feinheiten beachten.

ALLES FRISCH

Verwenden Sie nur ganz frisches Obst und Pflanzengrün. Es sollte entweder aus biologischem Anbau stammen oder aus dem eigenen Garten kommen beziehungsweise fernab von Straßen in unbelasteter Natur gesammelt sein.

REIF & SAFTIG

Verwenden Sie ausschließlich ganz reife Früchte. Nur wenn sie richtig ausgereift sind, enthalten sie das Optimum an Vitalstoffen und sind für jeden problemlos verdaulich. Nicht zuletzt schmeckt der Smoothie nur mit wirklich reifem Obst so unwiderstehlich fruchtig.

HALBE-HALBE

Geben Sie die Früchte nach unten in den Mixer. Achten Sie darauf, dass der Anteil des Pflanzengrüns mindestens die Hälfte ausmacht, gern auch mal mehr wie auf unserem Bild. Beim Obst können Sie reduzieren, aber nicht beim Grün! Zum Schluss füllen Sie den Mixbehälter etwa zur Hälfte mit Wasser auf.

DEN MIXER UNTERSTÜTZEN

Unterstützen Sie den Mixvorgang gegebenenfalls mit einem Stopfer. Wenn Sie merken, dass der Mixer den Inhalt noch nicht so gut greifen kann, geben Sie noch etwas mehr Wasser dazu.
Mixen Sie die Zutaten nicht zu lang: Sie könnten sich unnötig erwärmen und an kostbaren Vitaminen verlieren. Im leistungsstarken Mixer reichen 30 bis 45 Sekunden für eine cremige Konsistenz oft aus. Schauen Sie anfangs ruhig auf die Uhr, bald werden Sie sich allein auf Ihr Gefühl verlassen können.

Nur »echt« aus dem Mixer

Das einzige Werkzeug, das Sie sich eventuell noch anschaffen müssen, ist ein leistungsstarker Mixer. Zwar können Sie auch mit einem Pürierstab oder einem herkömmlichen Mixer Ihre ersten Schritte zum Ausprobieren machen, doch wenn Sie täglich grüne Smoothies trinken wollen, sind diese Geräte ungeeignet. Denn sie zerkleinern die Früchte und vor allem das Pflanzengrün nicht ausreichend, sodass die wertvollen Inhaltsstoffe der Zutaten nicht optimal aufgeschlossen werden können und der Smoothie die Verdauung mehr belastet. Zudem halten die leistungsschwächeren Geräte erfahrungsgemäß der regelmäßigen Herstellung von grünen Smoothies nicht lange stand. Kaufen Sie sich einen hochwertigen Standmixer, am besten einen Hochleistungsmixer, wie er ab Seite 38 beschrieben ist. Er ist eine gute Investition für viele Jahre!

TIPP

»KEEP IT SIMPLE!«

Probieren Sie zu Beginn verschiedene Rezepte aus und finden Sie heraus, was Ihnen am besten schmeckt. Für den Anfang gilt es, nur Früchte, Pflanzengrün und Wasser in den Mixer zu geben. Victoria Boutenko empfiehlt dem Anfänger: »Keep it simple!« Wenn Sie Ihren Mixer haben, der Bioladen oder Öko-Gärtner nicht weit ist oder das Obst und Blattgemüse in Ihrem Garten nur darauf warten, geerntet zu werden, können Sie loslegen.

Warum mixen statt entsaften?

Das Pürieren im Mixer hat viele Vorteile:

- Bei schneller Verarbeitung findet kaum ein Vitalstoffverlust statt, weil die Antioxidanzien aus Blattgrün, Schalen und Kernen fein im Smoothie verteilt werden. Der grüne Smoothie ist daher auch nach drei Tagen noch hochwertig und lecker!
- Beim Vorbereiten der Zutaten fürs Mixen entsteht kaum Abfall. Beim Entsaften bleibt dagegen ein Trester übrig. Sie können daraus im Dörrapparat leckere Rohkost-Cracker zaubern, doch die reichlich enthaltenen Ballaststoffe fehlen im Saft.
- Der Fruchtzucker gelangt beim grünen Smoothie durch Wirkstoffe des Pflanzengrüns langsamer in die Körperzellen. So kommt es nicht zum schnellen Anstieg und anschließenden abrupten Abfall des Blutzuckerspiegels. Während Saft uns eine kurzfristige »Energiespritze« gibt, versorgt uns das grüne Gold nachhaltig mit Energie, sodass wir weniger Hochs und Tiefs und bald gar keine Energielöcher mehr haben. Wir sind ausgeglichener und fühlen uns wohler, wenn wir täglich den grünen Zaubertrank genießen.

BASIC SMOOTHIE

Für Ihren ersten grünen Smoothie und damit Sie Ihren neuen Mixer gleich mal ausprobieren können, haben wir eine Einkaufs- beziehungsweise Pflückliste zusammengestellt. Ganz einfach, aber genial gut!

Die Zutaten reichen für drei Füllungen des Mixbehälters à 1 Liter. So können Sie drei Tage lang auf den Geschmack kommen. Ab Seite 67 finden Sie noch mehr einfache Rezepte für die ersten Tage.

- 3 mittelgroße, reife Bananen
- 6 mittelgroße süße Äpfel
- 1 Bio-Zitrone
- 250 g Blattspinat
- 2 mittelgroße Salatköpfe nach Wahl
- ½ Liter gefiltertes Leitungswasser oder stilles Mineralwasser

Außerdem: 3 Glasflaschen (je 1 Liter) mit Schraubverschluss, entweder mit einer weithalsigen Öffnung, oder Sie nehmen einen Trichter zum Einfüllen.

- Schälen Sie die Bananen und brechen sie in Stücke. Waschen Sie die Äpfel, befreien sie von Stiel und Blütenansatz. Vierteln oder achteln Sie sie, das Kerngehäuse kommt mit in den Mixer. Befreien Sie das Fruchtfleisch der Zitrone mithilfe des Schälmessers von der Schale, nach Belieben können Sie einen Streifen gelbe Schale als »Gewürz« mit in den Mixer geben.
- Putzen und waschen Sie Spinat und Salat und zupfen oder schneiden Sie beides grob klein. Die Stiele beziehungsweise den Strunk können Sie mitverwenden.
- Füllen Sie den Mixbehälter (höchstens) zur Hälfte mit Früchten und füllen dann mit den grünen Blättern auf. Fügen Sie zum Schluss das Wasser hinzu.
- Starten Sie den Mixer auf kleiner Stufe und erhöhen dann zügig die Drehzahl. Mixen Sie insgesamt 30 bis 45 Sekunden auf höchster Stufe, bis eine sämige Flüssigkeit entstanden ist.
- Füllen Sie den Smoothie in die Flaschen. Was Sie nicht gleich trinken, stellen Sie für den nächsten Tag in den Kühlschrank, weil der Smoothie am besten kühl und dunkel gelagert wird. Im Kühlschrank hält sich der grüne Powerdrink drei Tage.

Darauf sollten Sie beim Kauf des Mixers achten

Der Mixer ist das entscheidende Arbeitsgerät, um die Zellulosewände der Pflanzenzellen aufzubrechen. Dabei gilt: je leistungsstärker, umso besser. Entscheidend ist hier nicht die angegebene Wattzahl, sondern es sind die Umdrehungen pro Minute.

HOHE LEISTUNG

Am besten drehen sich die Messer Ihres Mixers 30 000-mal oder noch öfter in der Minute – das sind 500 Umdrehungen in der Sekunde! Stiele, Strünke, Schalen und Kerne, sogar Avocadokerne, haben da gar keine Chance, sich dem »Tornado« im Mixer zu widersetzen. Die Adressen unserer Homepages, über die Sie hochwertige Geräte in verschiedenen Preislagen bestellen können, finden Sie auf Seite 121.

TIPP

EIN MULTITALENT

Mit einem guten Mixer können Sie leckere grüne Smoothies herstellen, aber auch viele andere Bestandteile der Vitalkostküche wie Nussmilch, rohe Schokolade oder milchfreies Eis verarbeiten. Wer im Winter eine schnelle warme Mahlzeit braucht, der kann sich darauf freuen, dass ihm der Hochleistungsmixer innerhalb von fünf Minuten sogar eine warme Suppe zaubert – denn einfach nur durch seine hohe Drehzahl entsteht bei längerem Mixen Hitze.

GUT SITZENDER STOPFER

Je weniger Wasser Sie für ein Rezept verwenden und je widerspenstiger der Mixerinhalt anfangs ist, desto mehr müssen Sie mit einem Stopfer arbeiten, um den Inhalt des Mixbehälters weiter nach unten auf das Schneidwerk zu drücken.
Achten Sie beim Kauf also darauf, dass Ihr Mixer über solch einen praktischen Stopfer verfügt, den Sie über ein spezielles (ansonsten verschließbares) Loch im Deckel in den Behälter hineinschieben können.

STABILER MIXBEHÄLTER

Alle Hochleistungsmixer haben aus Sicherheitsgründen einen Behälter aus Hartplastik und nicht aus Glas. Es kommt immer wieder vor, dass zum Beispiel Metalllöffel im Mixbehälter übersehen werden und das Gerät eingeschaltet wird. Ein Behälter aus Glas würde dann zu gefährlichen Splittergeschossen mit hoher Verletzungsgefahr. Hinzu kommt: Ein so großer Behälter aus Glas wird sehr schwer, wenn er gefüllt ist.
Achten Sie außerdem darauf, dass der Behälter als frei von BPA (Bisphenol A) gekennzeichnet ist, wie es inzwischen bei so gut wie allen Modellen der Fall ist.

DER MIXER

Das ist wichtig für einen leistungsstarken Grüne-Smoothies-Spender:

1 MIXBEHÄLTER: *Der stabile Behälter aus hochwertigem Kunststoff fasst 1 bis 2 Liter. Er ist sicherer und erheblich leichter als Glas.*

2 STOPFER: *Hier kommt der Stopfer hinein. Brauchen Sie ihn nicht, schließen Sie die Öffnung mit einem speziellen Deckeleinsatz.*

3 MESSER: *Bei den meisten Modellen leistet ein stabiler Messerblock aus Edelstahl zuverlässig über viele Jahre seine Arbeit.*

4 ANZEIGE: *Je nach Modell gibt es eine Uhr, eine Programmwahl oder einen Drehknopf zur manuellen Bedienung.*

5 SOCKEL: *Eine schwere, breite Basis mit Gummifüßen macht den Mixer kipp- und rutschsicher.*

6 MOTOR: *Die Drehzahl der Messer lässt sich in mehreren Stufen regulieren – bis zu 38 000 Umdrehungen pro Minute.*

Blattgemüse und Obst

Wenn Sie keinen Garten und wenige Möglichkeiten zum Sammeln von Früchten haben, sind Sie auf gute Produkte aus dem Handel angewiesen. Hier lesen Sie, worauf Sie beim Einkaufen achten sollten.

Kaufen Sie regional und saisonal

Am wertvollsten und am besten verträglich sind frische Zutaten aus Ihrer Region: An die heimischen Mikroorganismen, die die Pflanzen bewohnen, ist Ihr Körper gewöhnt, und die jahreszeitlich verfügbaren Produkte passen optimal zu Ihrem Biorhythmus, der denselben Veränderungen im Jahreszyklus unterliegt. Greifen Sie möglichst oft auf ursprüngliche Sorten zurück, etwa bei Äpfeln! Im Sommer können Sie beim Fruchtgemüse in Gurken und Zucchini schwelgen, im Winter genießen Sie die Vielfalt der Kohlsorten, und das ganze Jahr über gibt es Spinat, Möhrengrün, die Blätter von Kohlrabi, und Roter Bete, Staudensellerie ...

Möglichst frisch und vitalstoffreich

Am besten ist es, wenn die Zutaten direkt von der Pflanze im Mixer landen! So verliert etwa Kopfsalat in den ersten fünf Stunden nach der Ernte die Hälfte seiner Vitamine, nach zwei Tagen sind bestimmte Vitamine gar nicht mehr nachweisbar. Gleichzeitig verursacht die Transportlogistik enorme Kosten und riesige Umweltschäden. Dem können Sie begegnen, indem Sie auf Produkte aus Ihrer unmittelbaren Umgebung zurückgreifen.
Optimale Anlaufstellen sind Biobauern in der Umgebung, die ab Hof verkaufen oder

TIPP

KÜHL KONSERVIERT

Auch tiefgefrorene Bio-Beeren und Blattgemüse eignen sich als Zutaten. Sie enthalten noch über 90 Prozent ihrer Vitalstoffe. Auch selbst geerntete Zutaten können Sie einfrieren, etwa Wildkräuter. Geben Sie das Pflanzengrün gefroren in den Mixer, um die Vitalstoffe zu erhalten. Um Wildkräuter im Kühlschrank länger haltbar zu machen, wickeln Sie sie in feuchte Tücher oder geben sie in das Frischhaltefach, falls vorhanden.

ihre Produkte auf den Markt bringen. Gehen Sie am besten morgens hin, damit alles möglichst frisch und wertvoll ist! Auch in vielen Supermärkten gibt es eigens ausgezeichnete Produkte aus der Region.
Eine Ausnahme vom regionalen Anbau bilden Bio-Zitrusfrüchte und Bio-Bananen, die in ihrer dicken Schale mit all ihren Vitalstoffen perfekt konserviert sind. Ein Segen für uns in der kalten Jahreszeit!

Am besten vollreif!

Regionales, saisonales Obst hat einen weiteren Vorteil: Meist wird es voll ausgereift angeboten. Nur an der Pflanze gereiftes Obst verfügt über den vollen Gehalt an Vitalstoffen, bestimmte Vitamine werden sogar erst in den letzten Stunden vor der vollständigen Reife gebildet. Im Supermarkt erhalten wir leider viel künstlich nachgereiftes Obst, so werden etwa Bananen oft mit giftigen Chemikalien begast. Orangen können bis zu zehn Jahre künstlich im unreifen Stadium konserviert werden, bevor sie nachgereift in die Auslage kommen.

Die Vorzüge von Bio

Das Besondere am grünen Smoothie ist, dass wir alle Zutaten vollständig nutzen können, denn im Gegensatz zum Saft entsteht bei der Herstellung kein Abfall. Bei den Früchten wie zum Beispiel Apfel, Birne, Weintraube und selbst Melone werden Schale beziehungsweise Kerngehäuse nicht entfernt, und auch beim Fruchtgemüse und Blattsalat werden Stiele, Strünke und oft auch Schalen mitverwendet. Da also nicht geschält und kaum abgeschnitten wird, sollten Sie unbedingt darauf achten, dass Ihre Zutaten frei von Schadstoffen sind, welche sich an der Außenseite meist in konzentrierter Form ansammeln. Eine biologische Anbauweise gewährleistet dies weitgehend, denn sie stellt sicher, dass die Pflanze keine (oder nur wenig) Schadstoffe aus dem Boden aufnimmt wie Kunstdünger oder Unkraut- und Insektenvernichtungsmittel.
Die EU gibt in ihren Verordnungen zum ökologischen Landbau strenge Kriterien für biologisch produzierte Lebensmittel vor. Es gibt scharfe Kontrollen durch die gesamte Erzeugungskette bis zur Kontrolle der staatlichen Kontrollstellen. Bio-Lebensmittel sind an Gütesiegeln zu erkennen, die wichtigsten stellen wir Ihnen auf Seite 43 vor.

Besonders wertvoll

Biologisch angebaute Pflanzen und Früchte enthalten viel mehr Vitamine und sekundäre Pflanzenstoffe. Beim Anbau werden keine chemischen Pflanzenschutz- oder Düngemittel verwendet, weshalb kaum schädliche Rückstände in den Pflanzen vorhanden sind (ganz vermeiden lassen sie sich aufgrund der allgemeinen Umweltbelastung nicht).
Das ist besonders wichtig angesichts der Tatsache, dass beim konventionellen Anbau zum Teil höchst gefährliche Pestizide ver-

wendet werden: In einer 2008 von der Umweltschutzorganisation Greenpeace veröffentlichten Studie wurden von 1134 weltweit verwendeten Pestiziden 327 als extrem gefährlich eingestuft hinsichtlich Auslösen von Krebserkrankungen sowie Schwächung von Immunsystem und Fortpflanzungsfähigkeit.

Mehr Geschmack

Biologisch Angebautes schmeckt besser. So haben Bio-Äpfel und die unbehandelten Gartenäpfel ein günstigeres Zucker-Säure-Verhältnis und ein festeres Fruchtfleisch. Während sich der konventionelle Anbau vorwiegend um das ansprechende Äußere und die Einheitlichkeit der Produkte kümmert, berücksichtigt der Bio-Anbau die Qualität des Bodens, damit die Pflanze die Fülle der Vitalstoffe aus ihm ziehen oder bilden und ihr volles Aroma entfalten kann.

Gutes Gewissen

Bio schont auch unsere Böden und die Umwelt und sorgt für bessere Sozialstandards:

- Bei den Fruchtfolgen wird häufiger gewechselt, wodurch der Boden angereichert statt ausgelaugt wird.
- Gentechnik darf nicht verwendet werden – Biobauern fördern somit den Erhalt der ursprünglichen Natur.
- Biologisch bewirtschaftete Flächen fördern eine größere Artenvielfalt in Flora und Fauna und haben eine positive Wirkung auf Nützlinge, etwa Bienenvölker.
- Biologischer Landbau verbraucht weniger Energie und Ressourcen.
- Durch Verzicht auf chemisch-synthetische Dünge- und Pflanzenschutzmittel wird das Grundwasser rein gehalten.
- Bioanbau in Übersee unterliegt ebenfalls strengen Qualitätskriterien. Durch das Vermeiden von Monokulturen und die wesentlich kleineren Anbaueinheiten haben die Bauern bessere Arbeits- und Lebensbedingungen. Bio garantiert faire Preise für gute Arbeit.

Bio-Qualität ist übrigens nicht unbedingt teurer: Je mehr verwertbare Inhaltsstoffe und je weniger »leere Kalorien« unsere Nahrung enthält, desto weniger ruft unser Körper zwischendurch nach Essen.

TIPP

GRÜNZEUG AUS DER KISTE

In vielen biologisch arbeitenden Gärtnereien gibt es eine Kiste, in der das »Grünzeug« vom Gemüse landet, etwa das Möhren- und Kohlrabigrün. Die Nachbarn können es sich für ihre Haustiere abholen. Bedienen Sie sich doch aus diesem kostenlosen Angebot (und lassen noch genug für die Kaninchen übrig). Erkundigen Sie sich, wann frisch geerntet wird, damit Ihr Grünzeug schön gehaltvoll ist.

5 WICHTIGE BIOSIEGEL

Hier stellen wir Ihnen die fünf im Handel am häufigsten vertretenen Kennzeichnungen vor. Einen Link zu den Websites der Verbände finden Sie auf Seite 121.

Mit dem EU-Bio-Siegel, offiziell »Europäisches staatliches Bio-Siegel«, gekennzeichnete Produkte dürfen höchstens 0,9 Prozent gentechnisch verändertes Material enthalten, mindestens 95 % der Inhaltsstoffe müssen aus Bio-Anbau stammen.

Produkte mit dem deutschen Biosiegel »nach EG-Öko-Verordnung« müssen zu mindestens 95 % biologisch Erzeugtes enthalten und nicht mithilfe von Gentechnik erzeugt sein. Das Siegel steht für weitgehend chemie- und antiobiotikafreie Landwirtschaft, gibt strenge Regeln für Konservierung und Zusatzstoffe vor.

Nach den Richtlinien des Verbandes Bioland arbeiten in Deutschland 6000 Betriebe. Die Produkte kommen teils direkt vom Erzeuger zum Kunden, etwa am Wochenmarkt, oder über Vertragspartner wie Bäckereien und Keltereien. Die Betriebe kommen ohne synthetische Pestizide und Dünger aus und halten Tiere artgerecht. Die Produkte sind 100 % bio und gentechnikfrei.

Der Naturland-Verband wurde 1982 gegründet, um weltweit ökologischen Landbau zu fördern. Inzwischen gibt es rund 26000 Betriebe, die nach den Richtlinien arbeiten: 100 % bio und gentechnikfrei heißt die Devise. Auch gibt es zusätzliche Sozialrichtlinien für Erzeuger und Verarbeiter.

Das Demeter-Siegel (seit 1928) bekommen Erzeuger, die sich vom Anbau bis zur Verpackung an die anthroposophischen Richtlinien des Verbandes halten. Dieser legt neben einer 100 %ig natürlichen und gentechnikfreien Herstellung besonderes Augenmerk auf das harmonische und gesunde Zusammenspiel von Mensch, Tier, Pflanze, Erde und Kosmos.

Grünes Herz: Pflanzengrün

Essbare grüne Pflanzenteile werden gemeinhin dem Gemüse zugerechnet, weil sie bei den meisten Menschen bisher hauptsächlich als Salat oder Dekoration auf dem Teller landeten. Inzwischen wissen wir jedoch, dass die grünen Blätter ein vielfältiges rohköstliches Nahrungsangebot darstellen, das wir im grünen Smoothie endlich in seiner ganzen Bandbreite nutzen können.

Neue Genussmöglichkeiten

Bislang fanden diese wertvollen Nahrungsmittel wenig Beachtung: zum einen, weil nicht allgemein bekannt war, wie vitalstoffreich sie sind; zum anderen, weil es nicht so viele Möglichkeiten gab, sie schmackhaft und unkompliziert zuzubereiten und in größerer Menge roh zu sich zu nehmen. Zwar essen viele Menschen täglich Salat und würzen ihre Speisen mit ein paar Gartenkräutern, aber die verzehrte Menge hält sich dabei in Grenzen. Auch grüne Kohlsorten, das Grün von Wurzelgemüsen und frisch gepflückte Wildkräuter werden im Rohzustand erst im grünen Smoothie leicht genießbar und gut verdaulich.

Das Angebot der Natur ausschöpfen

Die noch neue Nahrungsmittelkategorie »Pflanzengrün« macht deutlich, dass uns die Natur ein vielfältiges und sehr reichhaltiges Nahrungsangebot zur Verfügung stellt, das uns bestens mit den Vitalstoffen versorgt, die Körper, Geist und Seele für ein harmonisches Wohlergehen brauchen. Je mehr die grünen Pflanzen in unserer täglichen Ernährung Einzug halten, desto höher wird der rohköstliche Anteil in unserer Nahrung und desto besser ist es für unsere Gesundheit. Der grüne Smoothie leistet dazu einen ganz entscheidenden Beitrag.

WICHTIG

ABWECHSLUNG

Der Mensch ist ein Gewohnheitstier, gleichzeitig möchte er immer wieder etwas Neues. Da hilft das »Prinzip lecker«: Achten Sie darauf, dass Ihnen Ihr grüner Smoothie schmeckt, dass Sie ihn gut verdauen und sich nach seinem Genuss fit und wohl fühlen. Hören Sie auf die Wünsche Ihres Körpers: Wenn Sie keine Lust (mehr) auf eine Zutat oder Zusammenstellung haben, wechseln Sie ab! Das ist auch wichtig, damit Sie nicht zu viele der in einer Pflanze vorhandenen Schutzstoffe wie Alkaloide (für den Menschen in geringer Menge gesund) zu sich nehmen oder zu viel der Oxalsäure aus Spinat oder Sauerampfer, welche die Nieren belasten kann.

GRÜNE VIELFALT

Zum Pflanzengrün für den Smoothie zählen die Gruppen auf dem Bild, in Klammern stehen jeweils nur ein paar Beispiele von vielen.

Wildkräuter

Die Kräuter aus der Natur sind sehr potente Nahrungs- und Heilmittel. Deshalb sollten Sie Ihren Mixer, nachdem Sie ihn halb mit Früchten gefüllt haben, nicht gleich ausschließlich mit dem auffüllen, was Sie im Wald und auf der Wiese finden. Denn neben ihrem intensiven Geschmack wirken Wildkräuter als Katalysatoren, welche den Körper sofort dabei unterstützen, sich von gespeicherten Schadstoffen zu trennen. Dies kann anfangs zu unangenehmen Entgiftungserscheinungen führen. Verwenden Sie sie anfangs eher als »Gewürz« – entsprechend unseren Basisrezepten ab Seite 67. Später können Sie die Mengen steigern, auch um den Körper gezielt zu entgiften (Rezepte dazu finden Sie ab Seite 90).

Behutsam sammeln

Schonen Sie die wilden Kräuter, damit sie auch im nächsten Jahr wieder üppig wachsen. Nehmen Sie zum Sammeln eine Gartenschere mit und schneiden Sie ganze Pflanzen knapp über dem Erdboden ab. Auch einzelne Blätter lassen sich besser mit einer geeigneten Schere entfernen. Reißen Sie niemals eine Pflanze aus!

EIN WORT ZUM FUCHSBANDWURM

Nach heutigen Erkenntnissen besteht beim Konsum von bodennah gepflückten Blättern und Früchten keine erhöhte Gefahr, sich mit dem gefürchteten Fuchsbandwurm (Echinococcus multilocularis) zu infizieren. Bis kniehohe Pflanzen können zwar Eier des Bandwurms tragen, da in manchen Regionen Deutschlands bis zu 70 Prozent der Füchse mit dem Parasiten infiziert sind, ebenso können Hunde und Katzen befallen sein. Bisher ist jedoch keine Infektion des Menschen durch den Konsum von Waldfrüchten oder Wildkräutern bekannt. Bei Förstern oder Waldarbeitern nimmt man an, dass die Infektion über das Einatmen der winzigen Eier ausgelöst wurde. Andere Erkrankte hielten infizierte Haustiere.

WICHTIG

VERWECHSLUNGSGEFAHR

Einige essbare Wildkräuter ähneln anderen, giftigen Kräutern. Drei typische Beispiele (jeweils zuerst genannt sind die essbaren Kräuter):

- Bärlauch – Maiglöckchen
- Giersch – Bärenklau-Arten
- Wiesenkerbel / Wilde Möhre – Gefleckter Schierling

Neben einem guten Bestimmungsbuch ist ein Kräuterkurs zu empfehlen. In jedem Fall gilt: Nicht zu viel von einer Sorte! Denn auch bei potenten, essbaren Heilkräutern macht die Dosis das Gift.

DIE WILDKRÄUTERWANDERUNG

Wildkräuterwanderungen und Kräuterkurse mit Experten sind eine gute Gelegenheit, wild wachsende Pflanzen »vor Ort« kennenzulernen.

Hierbei können Sie sich ein erstes Wissen darüber aneignen, was vor der Haustür grünt und blüht. Früher wurde dieses Wissen von Generation zu Generation weitergegeben, heute müssen wir es uns wieder gemeinsam erwandern. Eine gute Exkursion ins Pflanzenreich wird von einer fachkundigen und erfahrenen Person geleitet, die oft im Gesundheits- oder Umweltbereich tätig ist. Meist dauert die Erkundung einen halben Tag. Sie ist für die Teilnehmer ein echtes Erlebnis. Auf einer Wildkräuterwanderung lernen Sie ...

- die vielen genießbaren Pflanzen von den wenigen giftigen zu unterscheiden,
- dass auch (junge) Blätter von Laub- und Nadelbäumen essbar sind,
- welche Wildkräuter zu welcher Jahreszeit wachsen und in welchem Zeitraum Sie welche Pflanzen am besten pflücken,
- an welchen Orten Sie sammeln sollten und an welchen nicht,
- welche Pflanzenteile Sie bei den unterschiedlichen Wildkräutern vorzugsweise ernten,
- welches Kraut welche Heilwirkung hat,
- wie Sie Wildkräuter aufbewahren,
- wie Sie die Wildkräuter für kreative Zubereitungen verwenden, zum Beispiel im grünen Smoothie.

Vergessen Sie nicht, einen Korb oder Stoffbeutel mitzunehmen, damit Sie Ihre »Ausbeute« gut nach Hause bringen. Je nach Jahreszeit und Wetterlage brauchen Sie auch wetterfeste Kleidung und Schuhe.

Wenn Sie erst einmal auf den Geschmack gekommen sind, sollten Sie in jedem Quartal an einer Wildkräuterwanderung teilnehmen, denn in jedem Monat wächst anderes Pflanzengrün. Zudem können sich Pflanzen im Laufe des Jahres sehr stark verändern. Der hinteren Klappe dieses Buches können Sie entnehmen, was zu welcher Jahreszeit vor unserer Haustür wächst.

Nachdem Sie sich einen ersten Einblick in die wilde Welt des natürlichen Nahrungsangebots verschafft haben, sollte ein guter Wildkräuterführer zum Begleiter auf Ihren Streifzügen werden, Buchempfehlungen finden Sie auf Seite 120.

DIE »TOP 5« DER WILDKRÄUTER

Diese fünf Kräuter sind fast immer und überall reichlich zu bekommen. Es sind supergesunde, wunderbare Zutaten für Ihren grünen Smoothie!

GIERSCH (AEGOPODIUM)

Dieser Doldenblütler ist vielen bestens bekannt als wucherndes »Unkraut« im Garten und im Park. Seine Blätter schmecken fein nach Petersilie und Möhren, enthalten viel Kalium, Eisen, Vitamin C und Carotin. Sobald ab März / April die zarten Triebe in Garten oder freier Natur (oft an Bachläufen neben Brennnessel und Bärlauch) erscheinen, können Sie sie pflücken. Die älteren Blätter sind nicht mehr so fein im Geschmack. Wichtig: Es besteht vor allem bei ausgewachsenen Pflanzen Verwechslungsgefahr mit anderen, giftigen Doldenblütlern, siehe Kasten Seite 46.

WEGERICH (PLANTAGO)

Breit- und Spitzwegerich wachsen auf der Wiese und am Wegesrand. Wegerich schmeckt aromatisch herb, hat durch seine Glykoside, Gerb- und Schleimstoffe eine blutreinigende, hustenlösende, harntreibende und antibakterielle Wirkung. Die enthaltene Kieselsäure festigt alle Körpergewebe. Sie finden die Blätter vom späten Frühjahr bis in den Spätherbst. Der Spitzwegerich wurde übrigens zur »Arzneipflanze des Jahres 2014« gewählt!

BRENNNESSEL (URTICA)

Die Vorzüge dieser überall reichlich zu findenden Pflanze können nicht genug gelobt werden. Die Blätter (durch das feinste Zerkleinern im Mixer ohne »Brenneffekt«) schmecken fein nussig, junge Triebspitzen sind am köstlichsten. Mit ihren Flavonoiden, Mineralstoffen und Spurenelementen (Magnesium, Kalzium, Silizium, Eisen …), dem hohen Gehalt an Vitamin A und C sowie Eiweiß ist die Brennnessel der reinste Gesundheitsbooster, wirkt blutreinigend, harntreibend und antirheumatisch.

BROMBEERBLÄTTER (RUBUS)

Die Blätter der verschiedenen, stachlig rankenden Brombeerarten sind rund ums Jahr überall frisch erhältlich! Sie geben Ihrem Smoothie ein ganz besonders angenehmes, feinherbes Aroma. Aufgrund des Gerbstoffgehaltes sind sie gut für die Verdauung und helfen, das Körpergewebe zu festigen. Flavonoide, Fruchtsäuren wie Zitronensäure sowie Vitamin C tun dem Organismus gut. Natürlich können Sie im Spätsommer auch gleich die leckeren, vitaminreichen Früchte mit verarbeiten!

LÖWENZAHN (TARAXACUM)

Im Frühjahr und Sommer können Sie die zarten Blätter der »Pusteblume« auf Wiesen und oft auch im eigenen Garten ernten, sie erinnern geschmacklich an Endiviensalat. Auch ein, zwei junge Blüten dürfen (besser ohne Stängel wegen des schwach giftigen Milchsaftes) in den grünen Smoothie. Besonders seine speziellen Bitterstoffe sind für die Leber und Galle anregende, harntreibende und blutreinigende Wirkung des Löwenzahns verantwortlich. Auch konnte man ihnen bereits eine krebshemmende Wirkung nachweisen.

TIPP

KOMBINIEREN SIE!

Kombinieren Sie Wildkräuter und Gartenkräuter, Blätter von Sträuchern und Laubbäumen sowie die Triebe von Nadelbäumen vor allem anfangs immer mit reichlich anderem Pflanzengrün (wie zum Beispiel mit Blattsalaten) – damit sich Ihr Geschmacksinn an die intensiven Aromen und Ihr Körper sich nach und nach an die hochkonzentrierte Vitalstoffzufuhr gewöhnen kann.

Der richtige Erntezeitpunkt

Pflücken Sie Ihre grünen Blätter möglichst am Vormittag, die aufsteigende Kraft der Tageszeit sorgt für einen hohen Vitalstoffgehalt. Im Jahreslauf sind besonders im Frühling die Blätter und Triebe voller Vitalstoffe und Lebensenergie. Diese unbändige Kraft geht später in die Blüte und in die Samen über. Auch dann sind die grünen Blätter noch wertvoll – verpassen Sie aber nicht eine reinigende Vitalstoffkur im Frühjahr! Rezepte dazu finden Sie ab Seite 90.

Waldpflanzen – auch geeignet?

Oft werden wir gefragt, ob auch grüne Waldbewohner in den Mixer dürfen. Die Antwort lautet: Ja und nein!

Alle Moose sind essbar. Sie gehören zu den ältesten Pflanzen der Erde, sind reich an Chlorophyll und leicht verdaulich. Gerade im Winter sind sie, frisch geerntet, eine hervorragende Zutat. Bitte immer gut waschen und von Sand und Erdreich befreien.

Auch Flechten sind für Menschen essbar. Sie sind sehr kohlenhydratreich, und ihre starken ätherischen Öle sind Geschmacksache. Da sie zudem kaum Chlorophyll enthalten, sollten sie nur gelegentlich als eine Art Gewürz mit in den Mixer wandern.

Farne im Rohzustand eignen sich nicht, da sie gesundheitsschädliche Blausäureglykoside und das Enzym Thiaminase enthalten, das als krebserregend gilt. Gekocht gelten die jungen Triebe des Adlerfarns mancherorts als Delikatesse, daher werden Farne oft generell als genießbar betrachtet. Im grünen Smoothie haben sie nichts verloren.

Wasser aus der Leitung?

Neben Gemüse, Obst und Pflanzengrün ist die dritte Hauptzutat des grünen Smoothies Wasser in guter Qualität. Sie müssen in der Regel keine zusätzlichen Wasserkästen nach Hause schleppen, denn in vielen Regionen ist das Leitungswasser von akzeptabler Qualität. Sie können es erst einmal auch für den grünen Powerdrink verwenden.

Das Wasser kann auf seinem Weg bis zu Ihrem Wasserhahn allerdings mit diversen Materialien in Kontakt kommen, die seine

So verlockend angerichtet, kann sicher niemand Ihren grünen Smoothies widerstehen, seien es Gäste oder Ihre Kinder.

Qualität mindern, vor allem, wenn in Ihrem Haus noch alte Blei- oder Kupferrohre verlegt sind. Blei und Kupfer können das Trinkwasser gesundheitsschädlich belasten. Wenn Sie nicht genau wissen, woraus die Rohre bei Ihnen im Haus sind, fragen Sie beim Hausbesitzer nach beziehungsweise wenden Sie sich an einen Sanitärfachmann.

Zudem ist Trinkwasser beim Transport vom Wasserwerk zum Verbraucher in jedem Fall einem Alterungsprozess unterworfen, der zu chemischen, physikalischen und mikrobiellen Veränderungen führen kann. Solche Veränderungen kann der Verbraucher nicht unbedingt selbst erkennen.

Abhilfe schafft eine leistungsfähige Wasserfiltration mit einem Aktivkohlefilter oder einem Bormia-Quellwassergenerator, der an der Entnahmestelle installiert wird. Damit kann Wasser von Schwermetallen, Medikamentenrückständen, Pestiziden, Durchfallbakterien und anderen Stoffen gereinigt und wieder lebendig gemacht werden. Dank der modernen Filtertechnik erhalten Sie eine unkomplizierte, gesunde und auch preiswerte Alternative zu (stillem) Mineralwasser, die dem Körper hilft, seine Vitalität und sein natürliches Gleichgewicht zu wahren.

Vielleicht haben Sie auch die Zeit und Möglichkeit, mit Fahrradanhänger und einigen großen Glasflaschen eine saubere Quelle in der Natur »anzuzapfen« und sich einen Vorrat für einige Tage zuzulegen. Bei dieser Gelegenheit kommen Sie auch in Bewegung – und finden vielleicht ein paar saftige Stängel Wasserminze an der Quelle.

Ein grüner Smoothie als Aperitif bei Festen oder gesunder Muntermacher bei Besprechungen ist sofort Gesprächsthema, fördert Geselligkeit, Kooperation und Toleranz!

GEEIGNETE ZUTATEN FÜR GRÜNE SMOOTHIES

Als Zutaten für Ihren täglichen grünen Smoothie steht Ihnen (fast) die gesamte grüne Natur zur Verfügung. Diese umfangreiche Auswahl aus der großen Vielfalt von Früchten und Pflanzengrün soll Ihnen helfen, sich die besten Kombinationen für Ihre individuellen Lieblingsdrinks zusammenzustellen.

HEIMISCHE UND TROPISCHE FRÜCHTE

Für fein süße bis säuerliche Smoothies.

- Ananas
- Apfel
- Banane
- Birne
- Clementine
- Feige
- Granatapfel
- Grapefruit
- Guave
- Kaki
- Kirsche
- Kiwi
- Litschi
- Mandarine
- Mango
- Maracuja
- Mirabelle
- Nektarine
- Orange
- Papaya
- Pfirsich
- Pflaume
- Stachelbeere
- Weintraube
- Zitrone

BEERENFRÜCHTE

Sie schmecken herrlich im grünen Smoothie, färben ihn aber mehr oder weniger bräunlich.

- Erdbeere
- Heidelbeere
- Himbeere
- Johannisbeere
- Kirsche
- Preiselbeere
- Stachelbeere (rot)

FRUCHTGEMÜSE

In Bioqualität bereichern sie den Smoothie mit Cremigkeit und herrlichen Aromen.

- Avocado
- Chili
- Gurke
- Okraschote
- Paprika
- Peperoni
- Tomate
- Zucchini
- Zuckererbse

KERNE

Sie dürfen als Lieferanten von Antioxidanzien und ungesättigten Fettsäuren mit in den Mixer.

- Apfelkerngehäuse
- Avocadokern
- Birnenkerngehäuse
- Granatapfel
- Grapefruitkerne
- Kakikerne
- Melonenkerne
- Orangenkerne
- Papayakerne
- Weinbeerenkerne
- Zitronenkerne

BLATTSALAT UND BLATTGEMÜSE

Aus dem Bioladen oder dem eigenen Garten.

- Batavia
- Chicorée
- Chinakohl
- Eichblattsalat
- Endiviensalat
- Feldsalat
- Friséesalat
- Gurkenblätter
- Kohlblätter
- Kohlrabiblätter
- Kresse
- Kürbisblätter
- Lauch (nur grüne Teile)
- Lollo bionda
- Lollo rosso
- Mangold
- Mizuna
- Möhrengrün
- Pak Choi
- Portulak
- Postelein
- Radicchio
- Radieschenblätter
- Rettichblätter
- Römersalat
- Rote-Bete-Blätter
- Rübenblätter
- Rucola
- Schnittknoblauch
- Sellerieblätter
- Senfblätter
- Spinat
- Staudensellerie
- Tatsoi
- Weinblätter
- Weizengras
- Zucchiniblätter
- Zwiebelgrün

FRISCH GEKEIMTE SPROSSEN

Wegen der hohen Konzentration von Alkaloiden nur bis zu zweimal pro Woche.

Sprossen von Hülsenfrüchten

- Erbsen
- Kichererbsen
- Linsen
- Luzerne (Alfalfa)
- Mungbohnen
- Sojabohnen

Sprossen von Getreide(arten)

- Buchweizen
- Dinkel
- Gerste
- Hafer
- Hirse
- Mais
- Reis
- Roggen
- Weizen

Gemüsesprossen

- Brokkoli
- Knoblauch
- Knollengemüse
- Kresse
- Radieschen
- Rettich
- Rote Bete
- Rucola
- Zwiebel

Weitere leckere Sprossen

- Bockshornkleesamen
- Leinsamen
- Senfsamen
- Sonnenblumenkerne

GARTENKRÄUTER

Als würzende, vitalstoffreiche Beigabe.

- Basilikum
- Bohnenkraut
- Borretsch
- Dill
- Estragon
- Fenchelkraut
- Gartenampfer
- Jiaogulan (»Kraut der Unsterblichkeit«)
- Kerbel
- Koriander
- Lavendel
- Liebstöckel
- Majoran
- Minze
- Oregano
- Petersilie
- Pfefferminze
- Pimpinelle
- Rosmarin
- Salbei
- Schnittlauch
- Stevia (Vorsicht, nur ein kleines Stückchen Blatt, da sehr süß!)
- Thymian
- Zitronenmelisse

WILDKRÄUTER

Sie sind das Lebenselixier im grünen Zaubertrank.

- Ackerhellerkraut
- Ackerschachtelhalm
- Ackersenf
- Ackerwinde
- Baldrian
- Barbarakraut
- Bärlauch
- Beifuß
- Beinwell
- Brennnessel
- Brunnenkresse
- Distelarten
- Ehrenpreis
- Fetthenne
- Franzosenkraut
- Frauenmantel
- Fünffingerkraut
- Gänsefingerkraut
- Giersch
- Goldrute
- Gras (alle Arten)
- Gundermann
- Günsel
- Guter Heinrich
- Habichtskraut
- Hainsalat
- Hanf
- Heckenrose
- Hirtentäschel
- Hopfen
- Huflattich
- Johanniskraut
- Kamille
- Kapuzinerkresse
- Klatschmohn
- Klee
- Klette
- Klettenlabkraut
- Knoblauchsrauke
- Knöterichgewächse
- Königskerze
- Löwenzahn
- Lungenkraut
- Mädesüß
- Malvenarten
- Melde
- Natternkopf
- Nelkenwurz
- Pfefferminze
- Pfennigkraut
- Rohrkolben
- Sauerampfer
- Schafgarbe
- Scharbockskraut
- Springkraut
- Storchschnabel
- Taubnessel
- Tausendgüldenkraut
- Tellerkraut
- Vogelmiere
- Waldmeister
- Wasserlinse
- Wegerich
- Wegwarte
- Weidenröschen
- Weißer Gänsefuß
- Wicke
- Wiesenbocksbart
- Wiesenschaumkraut
- Wilde Möhre

WILDBLUMEN

Neben den am blühenden Kraut ohnehin vorhandenen Blüten können Sie Wildblumen auch gezielt sammeln und als Dekoration verwenden.

- Ackerwinde
- Distel
- Gänseblümchen
- Glockenblume
- Klatschmohn
- Klee
- Königskerze
- Kornblume
- Löwenzahn
- Primel
- Ringelblume
- Rose
- Stiefmütterchen
- Veilchen
- Vergissmeinnicht
- Weidenröschen
- Witwenblume

BLÄTTER / NADELN UND BLÜTEN VON BÄUMEN UND STRÄUCHERN

Die frischen Blüten und Blätter sind im Frühjahr eine Delikatesse!

- Ahorn
- Birke
- Buche
- Douglasie
- Eiche
- Erle
- Esche
- Fichte
- Haselnuss
- Kastanie
- Kiefer
- Lärche
- Linde
- Pappel
- Quitte

- Robinie (nur die Blüten)
- Rose
- Sanddorn
- Schlehe
- Tanne
- Ulme
- Walnuss
- Weide
- Weißdorn

BLÄTTER VON OBSTBÄUMEN

- Apfel
- Aprikose
- Birne
- Kirsche
- Mirabelle
- Orange
- Pfirsich
- Pflaume
- Zwetschge
- Zitrone

BLÄTTER VON BEERENSTRÄUCHERN

- Brombeere
- Elsbeere
- Erdbeere
- Heidelbeere
- Himbeere
- Johannisbeere
- Moosbeere
- Preiselbeere
- Stachelbeere
- Wilder Wein

EXTRA 1: ALGEN

Wegen ihres hohen Jodgehalts eignen sie sich gut zur Vorbeugung von Schilddrüsenerkrankungen

- Afa-Algen
- Chlorella-Algen
- Nori-Algen
- Rotalge
- Seetang
- Spirulina-Algen

EXTRA 2: NÜSSE UND GEWÜRZE

Diese Zutaten dürfen gelegentlich in kleinen Mengen (!) in den grünen Smoothie, um ihn gehaltvoller zu machen oder wegen ihrer Heilwirkung. Auf Rohkostqualität achten!

- Samen und Nüsse (alle Sorten, eingeweicht)
- Kokosnussmus
- Trockenobst (alle Sorten, eingeweicht)
- Kakaobohnen
- Vanille
- Ingwerwurzel
- Gelbwurz (Kurkuma)
- Meersalz (nur eine Prise)
- Küchengewürze (Cayennepfeffer, Kümmel, Koriander, Zimt, Kardamom …)
- Agavendicksaft
- Bienenhonig
- Matcha-Grünteepulver
- Shilajit-Pulver (Mumijo)

EXTRA 3: ALOE VERA

Sie können sie als Topfpflanze kultivieren und immer wieder ein Stück von den fleischigen Blättern abschneiden. Bei großen Pflanzen nur das Gel aus den Blättern verwenden!

Was soll nicht in den grünen Smoothie?

Grünes Blattgemüse lässt sich sehr gut mit praktisch allen Lebensmitteln kombinieren. Fruchtgemüse passt gut zu Obst, kann aber auch anstelle von Obst verwendet werden. Nicht kombiniert werden sollten stärkehaltige Wurzeln (von Kohlrabi, Möhre, Rote Bete) mit Früchten, da dies aufgrund von Reaktionsvorgängen der Fruchtsäuren mit komplexen Kohlenhydraten zu Verdauungsbeschwerden führen kann.
Die folgenden Gemüse passen daher wegen ihres hohen Gehalts an Stärke nicht in den grünen Smoothie:

- Aubergine
- Hülsenfrüchte (Bohnen, Linsen, Kichererbsen)
- Kürbis
- Möhre
- Kartoffel
- Pastinake
- Rote Bete
- Schwarzwurzel
- Sellerie
- Spargel
- Süßkartoffel (Batate)
- Topinambur

Die grünen Blätter der Wurzelgemüse sowie der Kürbispflanze passen wiederum sehr gut in den grünen Smoothie, denn sie enthalten neben dem segensreichen Chlorophyll ▶ **siehe Seite 28** viel mehr Vitalstoffe als die Wurzel. Am Beispiel der Roten Bete wird dies besonders deutlich, wie Sie auf der rechten Seite sehen können.

Bedingt verträglich

Einige weitere Gemüsesorten sind nicht für jeden im Rohzustand gut verdaulich. Wenn Sie unsicher sind, testen Sie sie jeweils in einer kleinen Portion Smoothie auf ihre Verträglichkeit:

- Artischocke
- Brokkoli
- Fenchel
- Knoblauchzehen
- Lauch
- Staudensellerie
- Zuckermais
- Zwiebel

Zusatz von Ölen?

Brauchen wir zusätzliches Fett im grünen Smoothie? Nein. Zum einen enthalten Schalen, Kerne und auch Blätter natürliche Fettsäuren, zum anderen muss der Organismus das Fett nicht unbedingt in einer Mahlzeit mit den fettlöslichen Vitaminen bekommen, um diese aufschließen zu können. In den Zellen, in denen die Vitamine gebraucht werden, sind in der Regel durch den Verzehr von anderen fetthaltigen Speisen bereits genügend Fettsäuren zwischengespeichert, um eine ausreichende Aufnahme der fettlöslichen Vitamine aus dem grünen Smoothie zu gewährleisten.

VITALSTOFF-VERGLEICH

Die Rote Bete zeigt beispielhaft, warum die Blätter von Wurzelgemüse so wertvoll für den Smoothie sind. Zaubern Sie aus der Wurzel einen Salat!

MINERALSTOFFE (1)
Kalzium 117 mg
Magnesium 2,57 mg
Kalium 762 mg
Natrium 226 mg

SPURENELEMENTE (6)
Eisen 2,57 mg
Selen 0,9 mg

VITAMINE (5)
Vitamin C 30 mg
Vitamin A 6326 I. E.
Vitamin E 1,5 µg
Vitamin K 400 µg
Thiamin 0,1 mg
Riboflavin 0,22 mg

MINERALSTOFFE (2)
Kalzium 16 mg
Magnesium 23 mg
Kalium 325 mg
Natrium 78 mg

SPUREN-ELEMENTE (3)
Eisen 0,8 mg
Selen 0,7 mg

VITAMINE (4)
Vitamin C 4,9 mg
Vitamin A 33 I. E.
Vitamin E 0,04 µg
Vitamin K 0,2 µg
Thiamin 0,03 mg
Riboflavin 0,04 mg

SMOOTHIE-KNOWHOW

Am besten bereiten Sie sich Ihren grünen Smoothie jeden Morgen frisch zu. Genießen Sie ihn auf leeren Magen als Frühstück, denn Ihr Körper hat während der nächtlichen Fastenphase einen natürlichen Bedarf nach Nährstoffen entwickelt. Diese kann er deshalb nun optimal und vollständig aufnehmen und verwerten.
Vergessen Sie nicht: Der grüne Smoothie ist kein Getränk, sondern eine vollständige Rohkostmahlzeit! Er sollte daher stets für sich getrunken werden. Lassen Sie immer ein gesundes Hungergefühl entstehen, mit dem Ihr Körper signalisiert, dass er Energie in Form von Nahrung braucht.
Wichtig ist außerdem: Nach einem grünen Smoothie sollten Sie mindestens 30 Minuten lang nichts anderes essen, damit Ihr Organismus die zugeführten Vitalstoffe ungestört verdauen und einbauen kann.

Vorbereiten

Die Herstellung eines grünen Smoothies geht ruck, zuck, und Sie müssen dabei nur ein paar wenige Dinge beachten.

Die Zutaten waschen?

Waschen Sie am besten nur das grüne Blattgemüse, das offensichtlich verschmutzt ist (etwa Spinat oder Feldsalat), denn Erde und Sand sind keine leckeren Smoothie-Zutaten. Gemüse und Früchte sollten ohnehin ungespritzt und unbehandelt sein, deshalb brauchen Sie sie in der Regel nicht zu waschen. Gerade bei regionalem Obst wie Äpfeln, Pflaumen oder Birnen »trainieren« die feinen Stoffe auf der Schale das Immunsystem. Lediglich erdnah gewachsenes Gemüse sollten Sie unter Umständen waschen.
Bei Wildkräutern und Blättern sollten Sie immer darauf achten, dass der Standort, an dem Sie pflücken, abseits liegt und nicht von Abgasen und Hundeurin verschmutzt ist. Dann müssen Sie die wild gewachsenen Blätter in der Regel nicht waschen. Im Gegenteil: Da viele Insekten ihre mikroskopisch kleinen Eier auf die Blätter legen, können ungewaschene, wild wachsende Blätter eine gute Vitamin-B_{12}-Quelle sein, was Ihnen vor allem bei einer überwiegend veganen Ernährungsweise zugutekommt. Denn dieses sehr wichtige Vitamin ist ansonsten fast ausschließlich in Lebensmitteln tierischer Herkunft enthalten.

Eine amerikanische Studie unterstreicht diesen Sachverhalt: Ihr zufolge litten die Menschen, die sich von roher Vitalkost ernährten, dann am häufigsten unter einem Mangel an Vitamin B_{12}, wenn sie ihre Nahrung ausnahmslos abwuschen. Übrigens: Kinder, die mit »schmutzigen« Händen essen dürfen, sind nachweislich oft gesünder und widerstandsfähiger als Kinder, in deren Familie sehr stark auf Hygiene geachtet wird. Eine allzu »keimfreie« Umgebung fördert die Entstehung von Neurodermitis und Nahrungsmittelunverträglichkeiten.

WICHTIG

NICHT VERGESSEN

Experimentieren Sie mit den Zutaten. Bieten Sie Ihren Kindern anfangs grüne Smoothies mit süßen Früchten, für Ihren Partner ist vielleicht ein säuerlicher Powerdrink mit viel Zitrone das Richtige. Doch eines sollte immer gleich bleiben: Nur Früchte, Pflanzengrün und Wasser kommen in den Smoothie, nur in dieser einfachen Kombination wirkt er als natürliche »Arznei«. Der Smoothie ist kein »Allesverwerter«! Auf dieser Basis können Sie dann ruhig auch mal Extras wie Kakao, Hanfsamen oder Vanille zugeben, aber nicht zu oft!

Zerkleinern

Schneiden Sie die Früchte und harte Bestandteile wie Avocadokern oder Melonenschale grob in Stücke, sodass das Schneidwerk des Mixers sie gut erfassen kann. Zerkleinern Sie auch die grünen Blätter so, dass der Mixer sie gut »erwischt«. Dafür brauchen Sie ein großes Schneidbrett. Praktisch ist ein scharfes Messer mit glatter und längerer, schwerer Klinge.

Die Extras einweichen

Weichen Sie Samen, Nüsse und Trockenobst vor dem Gebrauch ein. Das gilt auch für Nüsse, die Sie frisch direkt aus der Schale verwenden. Ansonsten bilden sich durch den Vorgang des Trocknens sogenannte Enzymhemmer, welche die Verdauung der kleinen Kraftpakete erschweren. Diese Stoffe sorgen in der Natur dafür, dass Samen und Nüsse von den Tieren nicht verdaut, sondern im noch keimfähigen Zustand wieder ausgeschieden werden, damit sich die Pflanze vermehrt. Das Einweichwasser sollte nicht im Ausguss landen, sondern darf ebenfalls in den grünen Smoothie, weil es viele gelöste Vitalstoffe enthält.

Zubereiten

Füllen Sie den Mixbehälter zuerst in der unteren Hälfte mit Früchten und dann in der oberen mit Pflanzengrün. Wenn Sie das Pflanzengrün nach unten in den Mixer geben, kann es (zumal bei einem leistungsschwächeren Gerät) vorkommen, dass sich die grünen Pflanzenteile um die Messer wickeln und so den Motor blockieren. Auch ein leistungsstarkes Gerät tut sich mit dieser Reihenfolge leichter, da durch das Pürieren der Früchte im Wasseranteil gleich die nötige Flüssigkeit entsteht.
Haben Sie alle Früchte und Blätter in den Mixbehälter gefüllt, fügen Sie so viel Wasser hinzu, dass dessen Pegel ungefähr bis zur Mitte des Behälters ansteigt.

Wann ist Vorpürieren sinnvoll?

In der Regel werden alle Zutaten auf einmal gemixt, das spart Zeit und Energie. Es kann aber sinnvoll sein, dass Sie bei bestimmten Gemüse- oder Obstsorten (Kohlblätter, Melonenschalen, tiefgefrorene Himbeeren) zunächst die härteren Bestandteile allein mit

TIPP

KÜHL HALTEN

Bei einer längeren Laufzeit des Mixers, etwa wenn Sie einen höheren Anteil an harten beziehungsweise faserigen Zutaten eingefüllt haben, entwickelt sich Wärme. Sie können den wärmeempfindlichen Inhalt wieder kühlen, indem Sie den Mixer kurz ausschalten und einige Eiswürfel mit in den Behälter geben.

etwas Wasser pürieren und dann im nächsten Schritt die weicheren Zutaten dazugeben. Ansonsten besteht die Gefahr, dass der Smoothie nicht so richtig sämig wird.

Wie lange mixen?

Halten Sie die Mixzeiten möglichst kurz und pürieren Sie die Zutaten mit höchster Drehzahl. Denn wenn Sie ein natürliches Lebensmittel über Körpertemperatur erhitzen, verändert sich seine chemische Struktur, seine Vitalstoffe werden geschädigt.
Die Zeit, die der Mixer benötigt, bis der Smoothie schön cremig ist, hängt von seiner Leistungsstärke ab. Ein Hochleistungsgerät braucht 30 bis 45 Sekunden. Je schwächer aber der Motor, umso länger müssen Sie ihn laufen lassen. Achten Sie darauf, dass sich der Inhalt des Mixbehälters nicht zu stark erwärmt (siehe Tipp linke Seite).

Was tun, wenn sich beim Mixen Schaum bildet?

Bei Pflanzen, die sogenannte Saponine (Seifenstoffe) enthalten, etwa Spinat, Petersilie oder Grünkohl, kann es beim Mixvorgang zur Bildung von Schaum kommen. Saponine sind für den Menschen in der Regel sehr gesund, doch der Schaum mindert das Trinkvergnügen, zudem kann er den Mixbehälter zum Überlaufen bringen.
Bestimmte Pflanzen wie Zitronen, andere saure Zitrusfrüchte sowie Avocados und Chiasamen verringern die Schaumbildung. Im Hochleistungsmixer können Sie den halben Avocadokern ebenfalls mitpürieren, er hat eine besonders gute schaumhemmende Wirkung. Ein oder zwei Eiswürfel, in einer kurzen Mixpause zugegeben, bewirken ebenfalls, dass sich weniger Schaum bildet.

Genießen

Trinken Sie täglich zu Ihrer normalen Ernährung einen halben bis einen Liter grünen Smoothie über den Tag verteilt. Besonders viel Energie schenkt er Ihnen, wenn die

TIPP

BIOPHOTONEN

Die Biophotonen wurden 1975 vom Physiker Fritz-Albert Popp entdeckt. Sie entstehen durch Elektronen, die vom Sonnenlicht angeregt sind: Fallen diese vom höheren Energieniveau ab, strahlen sie Licht ab. Versuche ergaben, dass bei einem Blatt, das vor längerer Zeit gepflückt wurde, die Abstrahlkurve schneller fällt als bei einem frisch gepflückten. Aus Sonnenlicht beziehen Pflanze und Mensch auf zellulärer Ebene Energie und ordnende Signale. Victoria Boutenko bezeichnet daher den grünen Smoothie als flüssiges Sonnenlicht.

Zutaten ganz frisch sind. Denn bei der Lagerung entweichen kostbare Biophotonen (siehe Kasten Seite 61) zusammen mit einem Teil des Feuchtigkeitsgehalts aus Früchten und Pflanzengrün. Allerdings schmecken manche Smoothies besser, wenn sie ein paar Stunden gezogen haben – ähnlich wie bei einem Eintopf, der ja oft erst richtig gut wird, wenn er eine Weile gestanden hat.

Gerührt oder geschüttelt

Wenn der pürierte grüne Smoothie länger steht, kann es vorkommen, dass die Schwebstoffe im Glas oder Behälter nach oben steigen und sich auf diese Weise unterschiedliche Schichten absetzen. Durch Aufschütteln oder Umrühren wird Ihr grüner Smoothie wieder homogen und schmackhaft.

Schön servieren – denn das Auge isst mit

Dekorieren Sie Ihren Zaubertrank appetitanregend – besonders, wenn Sie ihn Menschen anbieten, die noch nie einen grünen Smoothie getrunken haben. Früchte und Gemüse wie Erdbeeren und Tomaten, deren Farben mit dem Grün kontrastieren, sind eine besondere Augenweide. Kräuterblättchen und Sprossen sind auch gut geeignet, besonders, wenn es sich um eine grüne Suppe handelt, die Sie mit dem Löffel essen, statt sie aus dem Glas zu trinken. Oft können Sie die Zutaten auch gleich zur Dekoration nehmen, indem Sie diese dekorativ zuschneiden. Als Trinkgeschirr verwenden Sie am besten ein Glas, denn das Auge trinkt mit. Mit Babyspinat als Zutat erhält der Smoothie übrigens eine leuchtend grüne Farbe, die auf Einsteiger und Kinder besonders anziehend wirkt.

Hiermit können Sie Ihren grünen Smoothie beispielsweise dekorieren: Erdbeeren, Heidelbeeren, Physalis (Kapstachelbeere), Zitronen- und Orangenscheiben, Weinbeeren, Johannisbeeren an der Rispe, Minitomaten, Radieschen, kleine Radicchio- oder Chicoréeblätter, Sprossen, Petersilie, Zitronenmelisse, Basilikum, Dill, Blüten von Borretsch oder Kapuzinerkresse, Gänseblümchen, dekorative Blätter und Blüten von Bäumen, kleine Holzspieße mit einer Mischung von allem …

Wohltemperiert in Ruhe genießen

Trinken Sie den grünen Smoothie niemals eiskalt, sondern lassen Sie ihm gegebenenfalls genügend Zeit, um sich auf eine angenehme Trinktemperatur zu erwärmen. Am bekömmlichsten sind Getränke, die Körpertemperatur haben, weil unsere Verdauung dann keine Energie aufwenden muss, um die Flüssigkeit auf »Betriebstemperatur« zu erwärmen. Außerdem entfaltet sich das Aroma besser. Im Winter kann es sehr angenehm sein, den grünen Smoothie mit leicht angewärmtem Wasser zuzubereiten.

Bewegen Sie jeden Schluck wie einen guten Wein genüsslich im Mund hin und her. So nehmen Sie alle Aromen wahr, und die Verdauungsenzyme aus dem Speichel können ihre Wirkung voll entfalten. Nehmen Sie sich genügend Zeit, denn es handelt sich um eine komplette Rohkostmahlzeit.

Trinken oder löffeln?

Wenn Sie zum passionierten Grüne-Smoothies-Trinker geworden sind (was sehr schnell gehen kann) und schon einige Erfahrungen gesammelt haben, können Sie experimentieren und immer wieder neue Kombinationen entdecken – wir selbst verzichten oft ganz auf süße Früchte und komponieren den grünen Smoothie aus Zitrone und Wildkräutern. Es macht zudem Spaß, den grünen Smoothie in unterschiedlichen »Flüssigkeitsstufen« zu genießen: Je nach zugegebener Wassermenge erhalten Sie ein Getränk, eine kalte Suppe oder sogar einen Pudding. In unseren Rezepten finden Sie einige Zubereitungsbeispiele.

Aufbewahren

Am besten bewahren Sie den grünen Vitalstoffmix in einer verschließbaren Glasflasche oder Thermoskanne auf. Wenn Sie sich morgens Ihren Tagesbedarf gemixt haben, können Sie ihn bei Zimmertemperatur bis zum Abend stehen lassen. Nur wenn Sie einen Teil noch am nächsten Tag trinken möchten, sollten Sie den grünen Smoothie in den Kühlschrank stellen. Da er kaum oxidiert, eignet er sich gut zum Aufbewahren.

Auch als grüne Suppe schmeckt der Smoothie.

Sie können Ihren Smoothie auch bei Bedarf einfrieren, wenngleich es dadurch zu einem geringfügigen Vitalstoffverlust kommt. Da der grüne Powerdrink jedoch ein Füllhorn lebenswichtiger Stoffe ist, bleibt nach dem Auftauen immer noch eine ausreichende Menge für Ihr Wohlbefinden übrig.

Umfüllen und reinigen

Lassen Sie den Smoothie nicht im Mixbehälter stehen, sondern füllen Sie ihn gleich nach dem Zubereiten um (siehe oben). Sonst bildet sich im Lauf der Zeit an der Wand des Behälters ein unschöner Belag, der nur noch schwer zu entfernen ist. Reinigen Sie den Mixbehälter sofort nach Gebrauch, indem Sie ihn halb mit warmem Wasser füllen, einen Spritzer Spülmittel zugeben und das Gerät kurz anschalten. Sie werden staunen: Selbst der Schaum des Abwaschwassers war noch nie so »smooth«!

Smoothie

REZEPTE FÜR JEDE GELEGENHEIT

HIER FINDEN SIE ANREGUNGEN UND VIELE REZEPTE FÜR GRÜNE SMOOTHIES, VON DER EINSTEIGERMIXTUR BIS ZUR GOURMETKREATION. AUSSERDEM GIBT ES REZEPTE, DIE SIE GEZIELT FÜR IHR WOHLBEFINDEN UND IHRE GESUNDHEIT EINSETZEN KÖNNEN.

Basic Smoothies **66**

Die grüne Kraft gezielt einsetzen **78**

BASIC SMOOTHIES

Bevor Sie nun richtig einsteigen in die genussvolle Welt der grünen Smoothies, noch eine kurze Erinnerung: In den Mixer kommen ausschließlich Früchte und Pflanzengrün aus dem Bioladen, der Biogärtnerei, aus Ihrem Garten oder vom regionalen Erzeuger Ihres Vertrauens. Die Wildkräuter sollten von unbelasteten Böden und aus einer sauberen Umwelt stammen. Verwenden Sie wilde Pflanzen gerade am Anfang sparsam und steigern Sie dann langsam die zugefügte Menge. Nutzen Sie im Jahresverlauf das saisonale Angebot aus Ihrer Region und trauen Sie sich, kreativ zu sein!
Die leckeren Rezepte auf den folgenden Seiten sind Beispiele für schmackhafte Zubereitungen im richtigen Mischungsverhältnis. Da die Zubereitung immer ähnlich ist, beschreiben wir sie nur beim ersten Rezept in einer detaillierten Anleitung.

Süße grüne Smoothies

POPEYE

Für ca. 1,5 l: 1 reife Banane | 2 süße Äpfel | 2 Handvoll Babyspinat | 4 Kohlrabiblätter | Grün von 1 Möhre | ½ l Wasser

1 Die Banane schälen und grob in Stücke brechen. In den Mixbehälter geben.

2 Von den Äpfeln jeweils Blütenansatz und Stiel entfernen. Kerne und Kerngehäuse werden mitverwendet. Die Äpfel vierteln und die Viertel noch einmal quer durchschneiden, zu den Bananen in den Behälter geben.

3 Den Babyspinat ebenfalls hineingeben. (Nur waschen, wenn er sandig ist.)

4 Die Kohlrabiblätter samt Stielen in kleine Stücke schneiden oder zupfen, das Möhrengrün mit dem Messer grob schneiden und beides in den Mixbehälter geben.

5 Den so befüllten Mixbehälter etwa bis zur Hälfte mit Wasser auffüllen.

6 Den Deckel schließen und den Mixer auf der niedrigsten Stufe einschalten. Sobald die Messer den Inhalt des Mixbehälters erfasst haben, zügig bis zur höchsten Stufe weiterschalten. Früchte und Pflanzengrün pürieren, bis der Inhalt so fein ist, wie es Ihr Gerät schafft. Achten Sie darauf, dass sich der Smoothie nicht durch zu langes Mixen zu stark erwärmt.

Tipp: Die Wassermenge ist immer variabel und hängt davon ab, bei welcher Konsistenz Sie Ihren grünen Smoothie am liebsten trinken, wie Sie auf Seite 10 bereits gelesen haben. Den Mixerinhalt bis zur Hälfte mit Wasser aufzufüllen beziehungsweise die jeweilige Mengenangabe in der Zutatenliste soll nur ein ungefährer Anhaltspunkt sein.

Tipp: Wenn Sie eine grüne Kaltschale oder einen grünen Pudding herstellen wollen, brauchen Sie nur wenig oder gar kein Wasser hinzuzufügen. Arbeiten Sie dann während des Mixvorgangs mit dem Stopfer, um die Messer zu unterstützen.

BANANA JOE

Für ca. 1,5 l: 1 große reife Banane | 2 Birnen | ½ Kopf Blattsalat | 4 große Blätter Mangold (ohne den weißen oder roten Stiel) | 2 Stängel Petersilie (samt Stielen) | Saft von ½ Zitrone | ca. ½ l Wasser

NORD-SÜD-VERBINDUNG

Für ca. 1 l: 2 große Orangen (geschält) | 4 Blätter Grünkohl | frisches Grün von 1 Bund Radieschen | 1,5 cm frische Ingwerwurzel (ungeschält) | ca. ¼ l Wasser

TIPP

MEHR ZITRUSAROMA

Von der äußeren Schale der Bio-Orangen und -Zitronen können Sie mit dem Messer oder mit der Reibe ein wenig »Gewürz« für Ihren fruchtigen Smoothie abziehen und mit in den Mixbehälter geben.

TRÄUMEN UNTER PALMEN

Für ca. 1 l: ½ Ananas (geschält) | 1 Banane | 2 EL Kokosmus roh (aus dem Glas) | 2 Handvoll Feldsalat | ½ Salatgurke mit Schale | ca. ¼ l Wasser

SÜSS & WÜRZIG

Für ca. 1 l: 2 Mangos (sehr reif, mit Schale, aber ohne Kern) | ½ Kopf Eichblattsalat | 1 Handvoll Giersch | 4 Blätter Basilikum | ca. ½ l Wasser

STRAWBERRY FIELDS

Für ca. 1 l: 1 mittelgroße Banane | 125 g Erdbeeren | 125 g Postelein | 4 Brennnesselblätter oder 4 Triebspitzen | 4 Datteln (ohne Kern) | ca. ½ l Wasser

SWEET DREAMS

Für ca. 1,5 l: 1 Mango (mit Schale, ohne Kern) | 2 Nektarinen (ohne Kern) | 15 Kirschen (süß oder sauer, entsteint und ohne Stiel) | 200 g Feldsalat | ½ Bund Petersilie | ¼ Zitrone (geschält) | ca. ½ l Wasser

ROH, REIF UND FARBENFROH

GRÜNES LICHT!

Für ca. 1 l: ½ Avocado | 1 Zitrone (geschält) | 1 Handvoll Babyspinat | 4 Stangen Staudensellerie | ca. ½ l Wasser

QUER DURCH DEN GARTEN

Für ca. 1,5 l: 1 Banane | 2 Äpfel | ½ Kopf Römersalat | 1 Handvoll Obstbaumblätter (Apfel, Birne, Kirsche) | 1 EL Leinsamen (eingeweicht) | ½ Zitrone (geschält) | ca. ½ l Wasser

TIPP

BITTERSTOFFE

Aus vielen Gemüse- und Obstsorten wurden die wertvollen, sehr gesunden Bitterstoffe weitgehend weggezüchtet, etwa aus Grapefruits, Endiviensalat, Chicorée, Radicchio und Rucola. Im Bioladen oder auf dem Bauernmarkt bekommen Sie sie oft noch in der ursprünglichen Qualität.

WACHMACHER

Für ca. 1 l: 2 Birnen | 1 Grapefruit (geschält, nach Belieben bitter oder süß, gelb oder rosé) | 125 g Feldsalat | 6 Blatt Breitwegerich | ca. ¼ l Wasser

KIWI & KOHL

Für ca. 1,5 l: 4 Kiwis (mit Schale) | 2 Äpfel | 1 Handvoll Babyspinat | 4 grüne Blätter vom Wirsingkohl | 4 Blätter Salbei | 1,5 cm Ingwerwurzel (ungeschält) | ca. ½ l Wasser

DUFT DER PROVENCE

Für ca. 1,5 l: ½ Avocado | 4 Tomaten | ½ Kopf Frisée-Salat | 4 Rote-Bete-Blätter | 6 Blatt Rosmarin | 1 Lorbeerblatt | 6 Oliven, kernlos | ca. ½ l Wasser

DAISY'S DAYDREAM

Für ca. 1 l: 1 große Banane | 2 Orangen (geschält) | 60 g Rucola | 4 Blätter Mangold (ohne weiße Stiele) | 1 Handvoll Gänseblümchenblüten | 8 junge Lindenblätter | ca. ¼ l Wasser

FRISCH, GRÜN UND BIO!

GRÜNE SMOOTHIES FÜR KINDER

Kinder lieben den grünen Smoothie besonders, wenn er schön süß ist. Die grüne Farbe ist »cool«, und nach dem ersten Schluck sind alle überrascht, wie lecker der grüne Zaubertrank schmeckt.

COOLE DRINKS

- **Grüne Suppe »Number One«:** 1 Banane, 1 Apfel, 125 g Babyspinat, 2 EL Agavendicksaft, ¼ l Wasser.
- **Richard Löwenherz:** 2 gut geschälte Orangen, 2 Handvoll Giersch, 4 Löwenzahnblüten, 1 Handvoll Sultaninen, ¼ l Wasser.
- **Coconino:** 2 Mangos ohne Kern, 2 EL rohes Kokosmus, 6 eingeweichte Aprikosen, 4 Kohlrabiblätter, 4 Stängel Petersilie, ¼ l Wasser.
- **Annaminza:** ½ Ananas, 1 Pfirsich ohne Kern, ½ Kopf Römersalat, 4 Pfefferminzblätter, 2 EL Agavendicksaft, ¼ l Wasser.

PAUSENSMOOTHIE

»Das schmeckt ja besser als Cola!«, sagte ein Grundschüler überrascht, als wir ihm einen grünen Smoothie anboten. In eine schöne Trinkflasche mit zugehörigem Becher gefüllt, ist der grüne Smoothie in der Schule eine tolle Zwischenmahlzeit, die frische Energie und Konzentration gibt.

SELBST GEMACHT!

Vielen Kindern macht es Spaß, beim Sammeln der grünen Pflanzen und Blätter mitzuhelfen und zu Hause selbst den Mixer zu füllen und anzuwerfen. Da die Herstellung der grünen Smoothies sehr einfach ist, kann auch Ihr Nachwuchs – zunächst unter Ihrer Aufsicht – lernen, sich seinen eigenen Drink zuzubereiten. Auf diese Weise stärken Sie früh das Gefühl für eine gesunde, vitalstoffreiche Ernährung.

SOMMER!

Ab und zu können Sie aus einem süßen grünen Smoothie mithilfe der klassischen Förmchen auch selbst Eis machen. Beim genüsslichen Schlecken kommt der grüne Eislolli im Mund automatisch auf Körpertemperatur. Ihre Kinder werden die leuchtend grüne Erfrischung an heißen Sommertagen lieben!

LEUCHTEND GRÜN

Süß und grün: Verzichten Sie für Ihre Kleinen anfangs auf Erdbeeren, Himbeeren und Blaubeeren, weil diese Beeren den Smoothie bräunlich färben und er dann nicht mehr so cool aussieht. Mit Apfel, Birne, Pfirsich, Ananas … wird der grüne Smoothie leuchtend grün. Babyspinat macht die beste Farbe!

Zum Löffeln: grüne Vitalstoffsuppen

Der grüne Smoothie eignet sich auch fantastisch als kalte rohköstliche Suppe. Geben Sie zur Herstellung weniger Wasser in den Mixbehälter und benutzen den Stopfer, um den Mixinhalt nach unten auf die Schneidemesser zu drücken. Diese Kaltschalen können Sie dann hübsch dekoriert genießen.

SPIRULINISSIMA

Für ca. 1 l grüne Suppe: ½ Avocado | 1 Zitrone (geschält) | 1 Bund Staudensellerie | ½ Handvoll Spirulina-Algen | ½ l Wasser

Als Dekoration: gestreute Algen, hauchdünne Scheiben vom Staudensellerie, Blüte einer Wildkräuterblume der Saison.

TOMATISSIMA

Für ca. ¾ l grüne Suppe: 4 reife Tomaten | 8 schwarze kernlose Oliven | 1 Handvoll Babyspinat | 6 Brennnesselblätter | 4 Haselnussblätter | ¼ l Wasser

Als Dekoration: dünne schwarze Olivenringe, Haselnussblatt als »Teller« für halbierte Kirschtomaten.

CHILI LILY

Für ca. ¾ l grüne Suppe: 2 frische Feigen | 2 gelbe Paprika | 1 kleine Zucchini | ¼ rote/grüne Chilischote | 100 g Feldsalat | 4 Stängel Dill | 1 Prise Himalaja-Salz | ¼ l Wasser

Als Dekoration: fein gehackter Dill, dünne gelbe Paprikastreifen, rotes Paprikapulver.

GUACAPACHO

Für ca. 1 l grüne Suppe: ½ Avocado | 3 Tomaten | 1 rote Paprika (ohne Stiel) | 3 Stängel Basilikum | 1 Stange Staudensellerie | Grün einer Frühlingszwiebel | ½ Bund Schnittknoblauch | 1 Prise Himalaja-Salz | 1 Prise Cayennepfeffer | ½ l Wasser

Als Dekoration: 1 kleine Chilischote, vom Stiel her in feine Längsstreifen geschnitten und auf den Rand des Trinkglases gesetzt.

TIPP

VOLLES DILL-AROMA
Frischer Dill schmeckt sehr fein im grünen Smoothie. Besonders aromatisch sind die langen, buschigen Dillstängel, die auf dem Bauernmarkt oft als Gewürz für Einmachgurken angeboten werden.

Grüner Pudding-Genuss

Auch ein Smoothie mit der Konsistenz von Pudding schmeckt sehr gut. Der Fruchtanteil ist hier höher und der Wassergehalt noch geringer als bei den grünen Suppen. Zum Eindicken von einem Liter Smoothie nach Rezept können Sie auch etwa 1 bis 2 Teelöffel Chiasamen (eingeweicht), 4 bis 6 Datteln oder 2 bis 3 Esslöffel Kokosmus als zusätzliche Mixzutaten nehmen.

TIPP

AM BESTEN SOLO

Ein grüner Rohkostpudding eignet sich nicht als Nachtisch zu einem gekochten Gericht, die Kombination könnte Verdauungsstörungen hervorrufen. Genießen Sie ihn als Snack zwischendurch oder als Dessert nach einer Rohkostmahlzeit.

CREMA BANAMELA

Für 4 Portionen grüner Pudding: 1 Banane | 2 Äpfel | 4 Datteln | ½ Kopf Römersalat | 1 Schuss Zitronensaft

Als Dekoration: Zitronenscheibe und klein gehackte rohe Cashewnüsse.

MOUSSE AU COCO

Für 4 Portionen grüner Pudding: 2 Orangen (geschält) | 3 EL Kokosmus roh (Glas) | 2 TL Chiasamen (vorgeweicht) | 1 Handvoll Babyspinat | 4 Blätter Mangold (ohne den weißen oder roten Stiel)

Als Dekoration: eine Orangenscheibe und einige Kokosraspel.

ANAMISU

Für 4 Portionen grüner Pudding: ½ Ananas | ½ Avocado | 125 g Feldsalat

Als Dekoration: halbierte Erdbeeren und 1 Feldsalatpflänzchen.

OFT GEFRAGT

Diese Fragen stellen uns Einsteiger in den grünen Genuss sehr häufig.

Soll ich wirklich gar kein Öl in meinen grünen Smoothie geben?

Das ist nicht nötig. Die Kerne und Schalen, die im grünen Smoothie mitgemixt werden, liefern genügend wertvolle Fettsäuren. Auch um Vitamin A gut verwerten zu können, brauchen Sie kein zusätzliches Fett hinzufügen, denn dieses steht in den Körperzellen aus anderen Mahlzeiten in ausreichendem Maße zur Verfügung.

Trotz reichlich Obst schmeckt mein Smoothie nicht süß! Was kann ich tun?

Die Ursache ist (fast) immer, dass unreifes Obst verwendet wurde. Falls es gerade keine ausgereiften regionalen und saisonalen Früchte gibt, greifen Sie auf reife Bananen, Mangos, Ananas, Kiwis, Orangen … zurück. Außerdem können Sie ein Löffelchen rohen Agavendicksaft oder Birkensüß (Xylitol) zugeben, ein paar eingeweichte Trockenfrüchte oder ein Blatt Stevia.

Mein Smoothie schmeckt immer ähnlich, obwohl ich viele verschiedene leckere Zutaten verwende. Wie kommt das?

Viele Zutaten sind genau das Problem. Nicht nur am Anfang gilt: Weniger ist mehr! Verwenden Sie zum Einstieg nur eine bis drei Obstsorten und kombinieren Sie sie mit einer bis drei Sorten Pflanzengrün.

Ich habe oft Sodbrennen und fürchte, dass Rohkost das noch verschlimmern könnte. Soll ich es trotzdem versuchen?

Sodbrennen kann Anzeichen von zu viel, öfter von zu wenig Magensäure sein. Im letzten Fall liegen Speisen zu lange im Magen und drücken nach oben. Das schwächt den Verschlussmechanismus zwischen Speiseröhre und Magen. Magensäure gelangt nach oben, oft zusammen mit Speiseresten. Verordnet der Arzt nun magenschonende Medikamente (Protonenpumpenhemmer), wird die Magensäure immer weniger, die Eiweißverdauung schlechter. Grüne Smoothies können das Problem lindern. Probieren Sie anfangs Mengen von etwa 200 ml. »Kauen« Sie gut und speicheln Sie jeden Schluck gut ein.

DIE GRÜNE KRAFT GEZIELT EINSETZEN

Wenn Sie täglich etwa einen Liter grünen Smoothie trinken, machen Sie eine sanfte, kontinuierlich wirkende Zellenaufbaukur, die Ihnen zu einem ganz neuen Lebensgefühl verhelfen kann. Allein das Wissen, dass Sie sich jeden Tag mit genug von allen lebenswichtigen Vitalstoffen versorgen, entspannt Ihr ganzes Körpersystem, Sie haben nicht länger Angst vor Leistungsabfall oder körperlichen und geistigen Beschwerden.

Mit den folgenden Rezepten können Sie vielen Alltagsbeschwerden gezielt vorbeugen beziehungsweise sie beheben. Ihre ganze Familie profitiert von den Smoothies, sie stärken das Immunsystem, fördern erholsamen Schlaf, beugen Erkrankungen vor, helfen der Haut »von innen«, entgiften und unterstützen beim Abnehmen. Natürlich können Sie die leckeren Mixturen aber auch jederzeit und ohne bestimmtes Ziel genießen!

Eine neue, gesündere Lebensweise

Trinken Sie täglich bis zu einem Liter grünen Smoothie über den Tag verteilt – Gesundheit und Wohlbefinden pur. Nach einiger Zeit werden Sie beobachten, dass sich auch Ihr Essverhalten verändert: Tendenziell nehmen Sie gesündere Nahrung zu sich, lassen schädliche Dinge weg. Auf diese Weise sinkt das Verlangen nach raffinierten Zuckern, Fastfood, Kaffee und Alkohol. Ihre Intuition für das, was Ihnen gut tut, wird feiner. So finden Sie von selbst immer mehr zu einer Lebensweise, die Ihre Gesundheit fördert und Ihre Abwehrkräfte stärkt.

Allrounder im Spezialeinsatz

Obgleich der grüne Smoothie ein wahres Multitalent ist und Ihnen durch die Fülle seiner Vitalstoffe auf lange Sicht die beste gesundheitliche Grundlage bietet, können Sie ihn auch gezielt einsetzen, um Ihr Wohlbefinden in bestimmten Bereichen zu steigern. Im Folgenden zeigen wir Ihnen wichtige Einsatzmöglichkeiten und geben Ihnen Anregungen, wie Sie zusätzlich aktiv etwas in diesen Bereichen tun können – für mehr Gesundheit und Wohlbefinden.
Allgemein gilt: Mit jedem Schluck aus dem grünen Füllhorn nehmen Sie in hoher Konzentration Vitalstoffe wie zum Beispiel die Vitamine C und E, Bioflavonoide, Folsäure, Magnesium, Zink, Mangan, Kupfer, Cystein, Omega-3-Fettsäuren, essenzielle Aminosäuren und Nahrungsenzyme zu sich, die Alterungs- und Abbauprozesse im Körper verlangsamen. Denken Sie daran, die Zutaten Ihres grünen Smoothies möglichst oft zu wechseln, um auf diese Weise in den Genuss möglichst vieler verschiedener »Gesundheitsagenten« zu kommen.

INFO

»GESUNDER HUNGER«

Der Begriff stammt von Christian Dittrich-Opitz, dem Autor des Buchs »Befreite Ernährung«. Die Grundaussage: Nur wenn der Körper wirklich hungrig ist, kann er Nahrung optimal verwerten. Der grüne Smoothie ist das ideale Frühstück, denn in der Nacht haben wir schlafend gefastet. Jede Nahrung setzt den Körper unter Stress. Er muss Energie aufwenden, um Wertvolles zu speichern, Überflüssiges auszuscheiden. Fasten ist unser Normalzustand, den wir möglichst wenig stören sollten. Es ist erwiesen, dass Menschen länger leben, wenn sie weniger Kalorien zu sich nehmen als in unserer Überflussgesellschaft üblich. Essen Sie nur, wenn Sie wirklich hungrig sind. Trinken Sie besonders Ihren grünen Smoothie im Zustand des gesunden Hungers.

Das Immunsystem profitiert

Voraussetzung für eine stabile Gesundheit ist ein starkes Immunsystem. Heute wissen wir, dass zellulärer Stress über die Wirksamkeit des Immunsystems entscheidet: Chronischer, schädlicher Stress findet nicht nur seelisch, sondern auch körperlich in jeder Zelle statt. Er gilt als Ursache für fast alle Erkrankungen, den Alterungsprozess und letztlich den Tod. Biochemisch betrachtet, entstehen dabei im Stoffwechsel laufend freie Sauerstoffradikale (oxidativer Stress) und Stickstoffmonoxid-Radikale (nitrosativer Stress). Beide verursachen komplexe Reaktionen, die uns teils dauerhaft schaden.

Stress für die Zellen senken

Erfreulicherweise können wir den Zellstress durch unseren Lebensstil beeinflussen. So wird er etwa durch starke körperliche Anstrengungen oder seelische Belastungen vergrößert, durch genug Erholung und tiefen Schlaf verringert. Nicht umsonst sind bei vielen Erkrankungen Bettruhe und Schlaf die ersten Empfehlungen.
Ausgesprochen bedeutsam ist auch unsere Ernährung. Besonders viele freie Radikale werden durch den Genuss von Gebratenem, raffiniertem Zucker, gesättigten Fetten, Auszugsmehlen, künstlichen Zusatzstoffen und Alkohol erzeugt. Zum anderen können bestimmte Nahrungsmittel aber auch freie Radikale neutralisieren und teilweise die durch sie verursachten Schäden reparieren. Grüne Blätter und Früchte, insbesondere in ihrer Zubereitung als grüne Smoothies, sind hier die absolute Nummer eins!

Die Abwehrkräfte gezielt fördern

Mixen Sie in der kalten Jahreszeit aromatische Gewürze in Ihre grünen Smoothies, wie auf dem Bild rechts gezeigt. Mit Yoga, Kneippen, Saunen, aerobem Kreislauftraining, ausreichend Schlaf, Musik von Mozart und aufbauender Literatur können Sie Ihr Immunsystem zusätzlich stärken.

ORIENTAL

Für ca. 1 l: 2 Mandarinen (geschält) | 2 Blätter Schwarzkohl | 1 Handvoll Spinat | 3 Datteln ohne Kern (eingeweicht) | 1 cm Ingwerwurzel (ungeschält) | 1 Prise gemahlener Kardamom | ca. ½ l Wasser

ZIMTSTERN

Für ca. 1 l: 1 Blutorange (geschält) | 1 Apfel | ¼ Zitrone (geschält) | 2 getrocknete Feigen (eingeweicht) | ½ Staude Tatsoi | 1 kleine Handvoll Rucola | ½ TL Zimt | ca. ½ l Wasser

WÄRMENDE, STÄRKENDE EXTRAS

Besser schlafen

Schlafstörungen gehören zu den Beschwerden, über die Patienten beim Arzt oder beim Heilpraktiker am häufigsten klagen. Kein Wunder: Die Informationsflut der allgegenwärtigen Medien, Stress und Überforderung in Beruf und Privatleben sind die Hauptfeinde des gesunden Schlafs. Dazu kommen Aufputschmittel wie Kaffee oder Energydrinks, aber auch Alkohol und kalorienreiche, belastende Mahlzeiten am Abend. Oft beeinträchtigt auch eine unruhige Umgebung beziehungsweise eine zu weiche oder zu harte Matratze den Schlaf.

Der grüne Smoothie wirkt aufgrund seiner Fülle an Vitalstoffen reinigend und ausgleichend auf den gesamten Körper. Das wirkt sich auch positiv auf den Schlaf aus: Wenn Sie den grünen Smoothie in Ihren täglichen Speiseplan aufnehmen, werden Sie nach einiger Zeit feststellen, dass Sie leichter einschlafen und Ihr Schlaf ruhiger, tiefer und erholsamer ist. Es kann gut sein, dass Ihre Schlafzeit insgesamt kürzer wird, Sie aber viel erfrischter aufwachen. Nach sechs bis sieben Stunden wunderbarem Schlaf hüpfen Sie voller Tatendrang aus dem Bett.

Für eine entspannte Nachtruhe können Sie dem Smoothie gezielt schlaffördernde Pflanzen beimengen. Die Phytotherapie (Pflanzenheilkunde) beschäftigt sich seit Jahrhunderten mit der Erforschung von Pflanzen für einen gesunden Schlaf. Die folgenden Zutaten im grünen Smoothie fördern den Schlaf: Baldrian, Hopfen, Johanniskraut, Kamille, Lavendel, Majoran, Muskatnuss, Passionsblume, Steinklee, Waldmeister.

Verwenden Sie entweder die frische Pflanze oder die entsprechenden getrockneten Teekräuter. Diese weichen Sie vor der Zubereitung Ihres Gute-Nacht-Smoothies rund 15 Minuten lang in einer Schale mit Wasser ein. Sobald die Teeblätter weich sind, geben Sie sie mitsamt dem Einweichwasser zu den übrigen Zutaten in den Mixbehälter.

TIPP

FRÜHES »BETTHUPFERL«

Trinken oder löffeln Sie Ihren Gute-Nacht-Smoothie bereits als Abendessen und nicht erst direkt vor dem Zubettgehen, denn dann hat er genügend Zeit, seine entspannende Wirkung zu entfalten. Sie sollten in dieser Zeit nicht mehr am Computer spielen, aufregende Filme schauen, sich streiten oder sich beim Sport verausgaben. Auch größere Mengen Alkohol stören den Schlaf. Machen Sie es sich lieber mit einem Buch, Ihrem Partner oder Ihrer Katze auf dem Sofa gemütlich. Auch ein entspannter Abendspaziergang fördert die Schlafbereitschaft des Organismus.

GRUNDREZEPT FÜR DEN GUTE-NACHT-SMOOTHIE

Für ca. 300 ml (1 Portion): ½ Banane | ½ Apfel | einige Spritzer frischer Zitronensaft | 1 EL Honig | 3 Mangoldblätter (ohne den weißen oder roten Stiel) | alternativ 1 kleine Handvoll Spinat oder Babyspinat | 200 ml Wasser

Tipp: Passend zu diesem Grundrezept können Sie Blätter und Blüten in den folgenden Kombinationen verwenden:

- Hopfen und Baldrian
- Johanniskraut und Baldrian
- Kamille und Lavendel
- Passionsblume und Steinklee
- Waldmeister und Johanniskraut
- Muskat und Hopfen

EVENING SPECIAL

Für ca. 1 l: 100 g Himbeeren | ⅓ Zuckermelone | ½ Handvoll Cranberrys | ½ Limette (geschält) | 1 Handvoll Taubnesselblüten und -blätter (oder Goldnessel) | 5 Lavendelblüten | 1 EL Honig | ½ l Wasser

▲

Ausgeglichen und geistig fit

Der grüne Smoothie wirkt sich äußerst positiv auf unser geistiges und seelisches Wohlbefinden aus. Richtig zusammengesetzt, gleicht er nervliche Mangelzustände wie Müdigkeit, Gereiztheit und Abgeschlagenheit aus. Gleichzeitig unterstützt er geistige Leistungsfähigkeit und Lebenslust. »Brainfood« ist ein Modebegriff geworden – aber statt teure Pillen und Pulver können wir einfach auf Pflanzen zurückgreifen, die alle wertvollen Stoffe im Überfluss enthalten.

Natürliches Brainfood

Obwohl es nur zwei Prozent unserer Körpermasse ausmacht, benötigt das Gehirn etwa ein Viertel der Gesamtenergie, die wir dem Körper zuführen. Sein Hauptbrennstoff ist Glukose (Traubenzucker), die es aus dem Blut aufnimmt. Das Gehirn ist davon abhängig, dass Glukose möglichst regelmäßig angeliefert wird und nicht ständig hohe und niedrige Konzentrationen im Blut abwechseln. Genau das ist jedoch bei unseren Ernährungsgewohnheiten oft der Fall: Wir führen uns viele kurzkettige Zuckermoleküle zu, die das Gehirn auf eine dauerhafte Achterbahnfahrt von Überfluss und Mangel schicken. Diese Zucker bewirken, dass die Bauchspeicheldrüse extrem viel Insulin ausschüttet. Dadurch entsteht ein Schwächegefühl, das uns nach mehr Zucker verlangen lässt – ein Teufelskreis! Obendrein wird die Bauchspeicheldrüse auf diese Weise chronisch geschwächt, was das Risiko erhöht, an Diabetes zu erkranken.
Aus langkettigen Zuckermolekülen (Polysaccharide) wird die Glukose im Stoffwechsel langsam herausgelöst und kontinuierlich dem Gehirn zugeführt. Lange Zuckerketten sind Hauptbestandteil der Pflanzen und im grünen Smoothie in Fülle vorhanden.

TIPP

DIE TOP-18-ZUTATEN FÜRS GEHIRN
Dies sind die besten Brainbooster für den grünen Smoothie: Apfel, Avocado, Banane, Birne, Brombeere, Heidelbeere, Kakaobohne, Leinsamen, Mandeln, Matcha-Grünteepulver, Moringa, Petersilie, Postelein (Foto), Rosinen, Sauerampfer, Sojasprossen, Spinat und Walnüsse.

BRAINBOOSTER NR. 1: MATCHA-GRÜNTEEPULVER

Matcha-Tee ist eine sehr hochwertige Zutat für Ihren grünen Smoothie. Er liefert viele Vitalstoffe, die unter anderem dem Gehirn zugutekommen.

Der Matcha-Grüntee wird aus Blättern des Teestrauches hergestellt. Die für die Erzeugung von Matcha angebauten Teesträucher werden meist vier Wochen vor der Ernte im Schatten gehalten. Dadurch bilden sich intensiv dunkelgrüne Blätter, die ein außergewöhnlich intensives Aroma entwickeln.
Nach der Ernte werden die Teeblätter gedämpft und schonend getrocknet. Man entfernt nur die groben Blattgefäße und mahlt die Blätter anschließend in Steinmühlen zu einem sehr feinen, leuchtend grünen Pulver. Das Pulver enthält also das gesamte Blatt, und es wird, genau wie ganze Teeblätter, mit ca. 80 °C heißem Wasser aufgegossen.
In der Teezeremonie japanischer Zen-Mönche hat der Matcha-Tee eine jahrtausendealte Tradition. Er ist ein hochwertiges Getränk und Nahrungsmittel.

KOSTBARE INHALTSSTOFFE

Matcha-Tee ist reich an Vitamin A, B, C und E, hochwertigen sekundären Pflanzenstoffen (vor allem die hoch antioxidativen Catechine und Carotine) sowie Spurenelementen. Zudem enthält er Koffein in Form von Tein, das aber nur langsam an den Körper abgegeben wird. Dadurch bewirkt er im Gegensatz zum Kaffee keine kurze Anregung, sondern eine lang anhaltende, angenehme Wachheit und Konzentrationsfähigkeit.
Seine überragende Wirkung wird vor allem dem Polyphenol Epicatechin (EGCG) zugeschrieben, das nachweislich vorbeugend und lindernd beispielsweise bei Parkinson, Alzheimer, multipler Sklerose, verschiedenen Krebsarten, Arteriosklerose, Arthritis und sogar Aids hilft.
Gründe genug, um immer wieder einmal oder bei Bedarf auch regelmäßig ein Teelöffel hochwertiges Matcha-Grünteepulver in Ihren grünen Smoothie zu geben (allerdings wegen des Teingehaltes nicht am Abend).
Bewahren Sie den kostbaren Matcha-Tee immer dunkel und gut verschlossen an einem kühlen und trockenen Ort auf. So bleiben seine überaus wertvollen Inhaltsstoffe möglichst gut erhalten.

Grüner Balsam fürs Nervensystem

An der Funktion des Gehirns sind alle Vitamingruppen beteiligt. Besonders die Gruppe der B-Vitamine wird gern als »Nervenvitamine« bezeichnet, sie sind essenziell für ein gesundes Nervensystem.

- **Folsäure (Vitamin B_9)** aus der Gruppe der B-Vitamine: Ein Mangel an Folsäure ist in Deutschland besonders häufig. Bei einer von 1000 Schwangerschaften ist das Nervensystem des Embryos aufgrund von Folsäuremangel der Mutter geschädigt (Neuralrohrdefekt Spina bifida). Folsäure (von lat. folium = Blatt) ist besonders reichlich in dunkelgrünen Blättern wie Spinat, Mangold, Feldsalat und Tatsoi enthalten. Sie ist sehr hitze- und lichtempfindlich. Ein guter Grund, diese Pflanzen im Smoothie möglichst frisch und schon bei einer geplanten Schwangerschaft reichlich zu sich zu nehmen.
- **Vitamin B_1 (Thiamin)** ist wichtig zum Schutz gegen Depressionen, Gedächtnisschwäche und Konzentrationsstörungen sowie Nervenschädigungen (Polyneuropathie). Es ist in vielen Grünpflanzen enthalten, zum Beispiel in Spinat, Postelein und Schnittlauch.
- **Vitamin B_6 (Pyridoxin)** ist besonders wichtig für die Funktion des peripheren Nervensystems, das vom Gehirn und Rückenmark aus den gesamten Körper durchzieht, und kommt zum Beispiel in Paprika und Petersilie vor.
- **Vitamin B_{12} (Cobalamin):** Auch wenn der Körper nur geringe Mengen braucht, ist ein Mangel für das Nervensystem sehr gefährlich. Vitamin B_{12} wird lange in der Leber gespeichert, sodass sich ein Mangel nur schleichend bemerkbar macht, schlimmstenfalls in Form von degenerativen Erkrankungen des Nervensystems. Nach heutigem Erkenntnisstand kann Vitamin B_{12} nur aus tierischen Produkten gewonnen werden (Ausnahme: Afa-Alge). Veganer sollten daher nach Absprache mit dem Therapeuten ihre Vitamin-B_{12}-Aufnahme ergänzen.

Neben den B-Vitaminen sind auch Vitamin C und E von besonderer Bedeutung für das Nervensystem, denn sie sind wichtige Antioxidanzien, die das Gehirn vor Zellalterung und deren Folgeerkrankungen, wie beispielsweise Alzheimer, schützen können. Sehr viel Vitamin C enthalten Brennnesseln, alle Kohlsorten und Petersilie oder Früchte wie die Acerolakirsche und alle Zitrusfrüchte. Viel Vitamin E findet sich in Spinat, Möhrengrün, Aprikosen und Avocados.

BOTENSTOFFE FÜR DIE SEELE

Die Impulsübertragung von Nervenzelle zu Nervenzelle erfolgt über Botenstoffe, die sogenannten Neurotransmitter. Viele seelische Erkrankungen haben mit einem Mangel oder Ungleichgewicht an Botenstoffen im Gehirn zu tun, zum Beispiel von Serotonin oder Dopamin bei Depressionen und Angsterkrankungen. Die Einnahme der Botenstoffe selbst ist unwirksam, weil sie die Bluthirnschranke, einen Schutzmechanismus des Gehirns, nicht überwinden können. Damit das Gehirn ausreichend und rechtzeitig Botenstoffe produzieren kann, müssen genügend Rohstoffe in Form bestimmter Aminosäuren vorhanden sein. Zumeist handelt es sich dabei um essenzielle Aminosäuren (also Eiweißbausteine, die der Körper nicht selbst herstellen kann). Diese Aminosäuren können wir mit grünen Smoothies in Hülle und Fülle zu uns nehmen.

- **Tryptophan** wird im Gehirn zu Serotonin umgewandelt. Es ist essenziell für gute Laune, erholsamen Schlaf und eine gesunde Sexualität. Gute Tryptophanquellen sind Spinat, Spirulina-Algen, Rosinen, Aprikosen und Litschis.
- **Tyrosin** hat vielfältige Funktionen, unter anderem verhindert es Depressionen und Ängste und verstärkt die Ausschüttung des Wachstumshormons HGH (Human Growth Hormone), das uns lange Zeit geistig jung und fit hält. Wir finden es beispielsweise in Grünkohl, Petersilie, Sojakeimlingen und Spinat. Ganz besonders hoch konzentriert ist es in rohen Erdnüssen enthalten.
- **Threonin** schützt die Blutgefäße im Gehirn wirksam vor Arteriosklerose. Es kommt besonders reichlich in Birnen, Pflaumen und Avocados vor.
- **Isoleucin** verbessert das Denkvermögen und wirkt harmonisierend auf die Psyche. Es ist in vielen Pflanzen vorhanden, zum Beispiel in Erbsen, Feldsalat, Avocado und sehr hoch konzentriert in Sesamsaat.

UNGESÄTTIGTE FETTSÄUREN »SCHMIEREN« DAS DENKEN

Unser Gehirn besteht gut zur Hälfte aus Fett. Besonders die ungesättigten Fettsäuren spielen als Gehirnnahrung eine zentrale Rolle. Wichtig ist das Verhältnis von Omega-3- zu Omega-6-Fettsäuren. Bekanntlich werden die Menschen in Japan deutlich älter als hierzulande, was auch mit dem richtigen Aufnahmeverhältnis der Fettsäuren zu tun hat. Es beträgt in Japan etwa 1 zu 4, in Europa etwa 1 zu 20! Eine ideale Mischung finden Sie beispielsweise in Leinsamen.

Anders als oft behauptet müssen Sie die Fettsäuren nicht unbedingt aus Fisch zu sich nehmen. Ein bis zwei Esslöffel Leinsamen im Smoothie ernähren Ihr Gehirn optimal, schützen Ihr Herz-Kreislauf-System, verbessern Ihre Verdauung – und Ihr Smoothie wird schön sämig und lecker.

Weitere gute Quellen für ungesättigte Fettsäuren im grünen Smoothie sind Avocados, Walnüsse und die grünen Blätter. Manche Nüsse wie etwa Haselnüsse enthalten allerdings zu hohe Anteile von Omega-6-Fettsäuren, weshalb sie nur in geringen Mengen verzehrt werden sollten.

Vorsicht ist vor allem bei den sogenannten Transfetten geboten, die durch das Erhitzen von Pflanzenölen wie beim Backen, Braten, Grillen und Frittieren entstehen. Sie erhöhen massiv den oxidativen Stress im Gehirn und belasten die Blutgefäße durch Cholesterinablagerungen.

ZINK UND SELEN

Zu einem echten Brainfood-Cocktail gehören unbedingt auch die Spurenelemente Zink und Selen.

- Eine Studie hat gezeigt, dass Schulkinder signifikant leistungsfähiger sind, wenn sie regelmäßig Zink bekommen. Auch gegen Depressionen scheint es zu wirken. Zink ist in vielen Lebensmitteln vorhanden, auch im grünen Blattgemüse. Zu einem Toplieferanten von Zink wird der grüne Smoothie, wenn Sie ab und zu Roggen- oder Weizenkeime oder Kakaobohnen und Aloe vera zugeben.
- Selen ist ein wichtiges Antioxidans, das unter anderem die Oxidation von Fettsäuren verhindert und deshalb für das Nervensystem mit seinem hohen Fettgehalt besonders wichtig ist. Selen findet sich in allen Pflanzen, die auf selenhaltigen Böden wachsen. Leider ist in Europa der Selengehalt der Böden nicht sehr hoch.

TIPP

BRAINBOOSTER KAKAOBOHNE

Die Kakaobohne enthält über 300 verschiedene, teils hochwirksame Stoffe. Für das Nervensystem besonders bedeutsam sind Polyphenole (darunter Anthocyanin und Epicatechin, das auch im Matcha-Grüntee vorkommt), diverse Vorstufen von Botenstoffen (Neurotransmittern), wichtige Antioxidanzien und Flavonoide. Kakao kann zum Schutz vor neurologischen Erkrankungen beitragen, hat eine stimmungsaufhellende, antidepressive Wirkung. Nehmen Sie entweder die ganze Kakaobohne oder reines Kakaopulver, aus biologischem Anbau und in Rohkostqualität, also nicht über 42 °C erhitzt. Auf Seite 121 finden Sie bei den Internetlinks eine Bezugsquelle.

TIPP

ALTERNATIVEN

Wenn Sie eine Zutat nicht bekommen, ersetzen Sie sie einfach durch die gleiche Menge einer ähnlichen! So können Sie etwa statt Schnittknoblauch Schnittlauch verwenden oder statt Heidelbeeren andere Beerensorten. Der grüne Smoothie lebt von dieser Vielfalt und Ihrer Kreativität!

Je mehr Früchte und grüne Blätter Sie mit dem grünen Smoothie zu sich nehmen, umso besser versorgen Sie sich mit dem lebenswichtigen Spurenelement.

- Außerdem sind die Mineralien Phosphor, Kalium und Magnesium wichtig für die Gehirnleistung. Mit grünen Blättern und Früchten erhalten Sie reichlich davon.

DIE WEISHEIT VOM LÖFFEL

Für ca. 1 l: 1 Mango (ohne Kern) | 1 Orange (geschält) | 1 mittelgroße Banane | 150 g Heidelbeeren | 1 EL Kokosmus, roh (Glas) | 2 Handvoll Spinat | 4 Blätter Minze | 6 cm Aloe vera (geschält) | ca. ½ l Wasser

SIEBENGESCHEIT

Für ca. 1,5 l: 2 Birnen | 100 g Preiselbeeren | ¼ einer kleinen Wassermelone (mit Schale und Kernen) | 1 Handvoll Blätter Weißer Gänsefuß | 4 Stängel Gundermann | 5 Blätter Schafgarbe | 5 Blätter Spitzwegerich | ½ Kopfsalat | 4 Stück Rosenkohl | 1 Prise Kardamom | ca. ¾ l Wasser

BRAINY MATCHA

Für ca. 1,5 l: ½ schön reife Avocado (mit Kern) | 1 rote Paprika | Saft von ½ Zitrone | 2 EL Matcha-Grünteepulver | ½ Bund Schnittknoblauch | 8 Stängel Schnittlauch | 150 g Postelein | 4 Mangoldblätter (ohne Stiel) | Blätter von 2 Stängeln Rosmarin | 1 Prise Himalaja-Salz | 1 Prise Cayennepfeffer | ca. ¾ l Wasser

BRAINY CHOCO

Für ca. 1,5 l: 1 Orange (geschält) | 2 Äpfel | 3 Datteln | ¼ Zitrone | 2 EL Kakaobohnen, roh | 200 g Blattsalat-Mix | ½ Handvoll Sanddornblätter | 1 Prise Kardamom (frisch gemahlene Samen) | ca. ½ l Wasser

Entgiften und Entlasten

Grüne Smoothies helfen dabei, den Körper von Abbauprodukten und Giftstoffen zu befreien. Die Inhaltsstoffe fördern alle Stoffwechselvorgänge. Auch im gesunden Körper sammeln sich im Lauf der Zeit durch Umwelteinflüsse und Ernährungsgewohnheiten Schadstoffe im Körpergewebe an. Diese werden oft als »Schlacken« bezeichnet, denn sie sind eine Art Abfallprodukt im Hochofen unseres Körpers.

Was sind »Schlacken«?

Dabei handelt es sich um chemische Elemente und Verbindungen, die den Körper belasten oder schädigen, etwa Schwefelsäure, Ammoniak, Konservierungsstoffe, Pestizide, Weichmacher oder Schwermetalle. Besonders anfällig für Ablagerungen sind Fett- und Bindegewebe, Knochen und Gelenke sowie der Raum zwischen den Körperzellen (Interzellulärraum). Auch kommt es durch eine zu eiweißreiche Ernährung mit vielen tierischen Lebensmitteln leicht zur Einlagerung von Proteinen in die Zellmembranen. In der Folge verdicken sich die Membranen, und die Zufuhr von Nährstoffen in die Zellen sowie der Abtransport von Abfallstoffen sind gestört. Daraus können sich verschiedene Erkrankungen entwickeln. Von großer Bedeutung sind in diesem Zusammenhang auch Zucker-Eiweiß-Verbindungen, die unter anderem durch den Verzehr von gebratenem Fleisch entstehen und die Innenwand der Blutgefäße schädigen. Umweltgifte in Form von Schwermetallen, Pestiziden oder Lösungsmitteln lagern sich besonders im Nervensystem ab und können dort langfristig Schäden verursachen. Manche Wissenschaftler führen die zunehmende Anzahl von Depressionen und Angsterkrankungen zum Teil auf diese Ursachen zurück.

Die Entschlackungskur

Damit Entgiften und Fasten heilsam und schonend sind und der Körper nicht noch mehr belastet wird, sind grüne Smoothies der ideale Begleiter. Sie enthalten wenige Kalorien (insbesondere, wenn der Anteil an Früchten gering ist), dafür aber jede Menge wertvoller Vitalstoffe. Ab Seite 92 finden Sie für eine gezielte Kur Smoothie-Rezepte, die Sie zur inneren Reinigung Ihres Organismus einsetzen können – zum Entschlacken sowie vor und nach einer Fastenkur.

NUR SMOOTHIES UND VIEL WASSER

- Verzichten Sie über einen frei gewählten Zeitraum von wenigen Tagen bis zu mehreren Wochen auf Ihre übliche Nahrung und trinken Sie über den Tag verteilt grüne Smoothies. Sie sollten dabei auf zwei bis zweieinhalb Liter pro Tag kommen.
- Variieren Sie die Zusammensetzung Ihrer grünen Smoothies. Beispielsweise können Sie morgens Rosmarin, Ingwer, Pfefferminze oder Eukalyptusblätter als Munter-

macher beimengen und abends Melisse, Lavendel oder Baldrian zum Entspannen.

- Achten Sie auf einen relativ hohen Wasseranteil im Smoothie (ca. 400 ml hochwertiges Wasser auf 1000 ml Füllmenge im Mixbehälter). Zusätzlich sollten Sie noch reichlich Wasser und Tee trinken.
- Unterstützend wirken regelmäßige körperwarme Darmeinläufe mit einem Klistier aus der Apotheke. Das ist angenehm und sehr befreiend.

ALLTAGSTAUGLICHE VIELFALT

Den 7-Tage-Plan auf den folgenden Seiten können Sie nach Ihren Bedürfnissen abwandeln. Wenn Ihnen die eine oder andere Zutat nicht schmeckt oder nicht erhältlich ist, tauschen Sie sie einfach gegen eine ähnliche aus. Wichtig ist morgens und mittags das richtige Mischungsverhältnis von Früchten und grünen Blättern.

Sie können die Kur parallel zur Arbeit machen und die grünen Smoothies mitnehmen. Noch besser ist es, sich freizunehmen, Körper und Geist eine Regeneration zu gönnen. Machen Sie begleitend täglich leichten Ausdauersport, Yoga und Meditationsübungen. Hören Sie entspannende Musik, achten Sie auf möglichst wenig Ablenkung.

FAST WIE NEUGEBOREN

Sie werden schon bald deutlich spüren, dass Sie sich rundum wohler fühlen, mehr Lust am Leben haben und viel leistungsfähiger sind. Mehr innere Ruhe kann Ihnen tiefe geistige Einsichten ermöglichen. Da es während der Kur zu tief greifenden Entgiftungsprozessen kommt, kann es sein, dass Sie vor allem in den ersten Tagen typische leichte Beschwerden haben, wie sie auf Seite 17 beschrieben sind. All diese Symptome nehmen meist einen sehr leichten Verlauf und verschwinden wieder, sobald sich Ihr Körper an die Umstellung gewöhnt hat.

ESSGEWOHNHEITEN VERÄNDERN

Während der Entschlackungskur gewöhnt sich Ihr Körper so an den grünen Smoothie, dass Sie auch danach nicht mehr auf ihn verzichten wollen. Nach der Kur sollte der grüne Smoothie weiterhin integraler Bestandteil Ihrer täglichen Nahrung bleiben. Seien Sie sehr aufmerksam dafür, was Ihr gereinigter Körper an Lebensmitteln verlangt. Es kann sein, dass sich Ihre Essgewohnheiten verändern. Meist steigt vor allem das Verlangen nach Vitalkost. Folgen Sie diesen Impulsen.

WICHTIG

GENUG FLÜSSIGKEIT?

Urin sollte hellgelb sein. Färbt er sich deutlich dunkler, fehlt Flüssigkeit. Trinken Sie mehr Wasser!

TAG 1 MORGENS

Für ca. ¾ l: 2 Birnen | 1 Handvoll Lindenblätter | ¼ l Wasser

TAG 1 MITTAGS

Für ca. 1 l: 1 Banane | 200 g Brombeeren | 10 Gojibeeren | 4 große Mangoldblätter (ohne den Stiel) | 4 Blätter Romanasalat | ½ Bund Petersilie | ¼ Zitrone (geschält) | ½ l Wasser

TAG 1 ABENDS

Für ½ l: 4 Taubnesseln | 10 Kamilleblüten | ½ Handvoll Spinat | 1 TL Honig | ¼ l Wasser

TAG 2 MORGENS

Für ca. 1 l: 100 g Himbeeren | 2 Pfirsiche (ohne Kern) | 1 Handvoll Postelein, Portulak oder Babyspinat | 4 Blätter Kopfsalat | 2 Kohlrabiblätter | ½ l Wasser

TAG 2 MITTAGS

Für ca. 1 l: 150 g Heidelbeeren | 3 Pflaumen, getrocknet (eingeweicht) | 1,5 cm Ingwerwurzel (ungeschält) | 4 Blätter Löwenzahn | 2 Blätter Grünkohl | 1 Handvoll Feldsalat | ½ l Wasser

TAG 2 ABENDS

Für ca. ½ l: 4 Blätter Zitronenmelisse | 5 Kamilleblüten | 1 TL Honig | ¼ l Wasser

TAG 3 MORGENS

Für ca. 1 l: 8 Brombeerblätter | 2 Blätter Sauerampfer | 100 g Babyspinat | 1 EL Leinsamen (eingeweicht) | 2 Kiwis (geschält) | ½ Orange (geschält) | ½ Ananas | ½ l Wasser

TAG 3 MITTAGS

Für ca. 1 l: ½ Avocado | 4 Tomaten | 3 Tomaten, getrocknet (eingeweicht) | 2 Frühlingszwiebeln mit Grün | 3 Stängel Basilikum | 3 Stängel Thymian | Blätter von 2 Stängeln Rosmarin | 1 Prise Himalaja-Salz | ¼ l Wasser

TAG 3 ABENDS

Für ca. ½ l: ½ Banane | ¼ Ananas | 1 Birne | 2 Mangoldblätter (ohne den Stiel) | 5 Blätter Baldrian | ¼ l Wasser

TAG 4 MORGENS

Für ca. 1 l: 1 kleine Papaya (mit Kernen) | 1 Banane | ½ Limette | 1 Handvoll Spinat | 1 EL Hanfsamen, roh (geschält) | ¼ l Wasser

TAG 4 MITTAGS

Für ca. 1 l: 1 Banane | ½ Ananas | 7 cm vom Aloe-vera-Blatt (geschält) | ½ Kopfsalat | 4 Stängel Petersilie | ½ l Wasser

TAG 4 ABENDS

Für ca. ½ l: ½ Banane | 1 Kiwi | ½ Mango (ohne Kern) | 1 Feige | 3 Blätter Löwenzahn | 1 Stängel Lavendel | 4 Salbeiblätter | ½ Liter Wasser

TAG 5 MORGENS

Für ca. 1 l: ½ Banane | 150 g Erdbeeren | 2 Blätter Minze | ½ Handvoll Giersch | 3 Stängel Vogelmiere | 1,5 cm Vanilleschote | ¼ Avocado | ¼ Zitrone (geschält) | ½ l Wasser

TAG 5 MITTAGS

Für ca. 1 l: 3 Äpfel | ¼ Zitrone (geschält) | 1 Handvoll Brennnesselblätter | 1 Handvoll Blätter vom Weißen Gänsefuß | 2 Blätter Sauerampfer | ½ l Wasser

TAG 5 ABENDS

Für ca. ½ l: Saft von ¼ Zitrone | ⅛ Wassermelone (mit Schale und Kernen | 4 Baldrianblätter | 1 cm Ingwerwurzel (ungeschält) | ⅛ l Wasser

TAG 6 MORGENS

Für ca. 1 l: 1 Banane | 1 Mango (ohne Kern) | 1 Apfel | 100 g grüne oder blaue Weinbeeren | 2 Blätter Wirsing | 7 junge Lindenblätter | ½ l Wasser

TAG 6 MITTAGS

Für ca. 1 l: 150 g Heidelbeeren | 50 g Maulbeeren | getrocknet (eingeweicht) | 2 kleine Birnen | 1 Handvoll Brennnesselblätter | 1 Handvoll Spinat | ½ l Wasser

TAG 6 ABENDS

Für ca. ½ l: ½ Honigmelone (ohne Schale) | 1 Pfirsich (ohne Kern) | 1 EL Mandelmus, roh | ¼ Zitrone | 3 Blätter Löwenzahn | 3 Blätter Breitwegerich | 2 Blätter Zitronenmelisse | ¼ l Wasser

TAG 7 MORGENS

Für ca. 1 l: 1 kleine Papaya (komplett) | 5 Datteln | ¼ Zitrone | 2 Handvoll Spinat | ½ l Wasser

TAG 7 MITTAGS

Für ca. 1 l: 1 Mango (ohne Kern) | 1 Pfirsich (ohne Stein) | ½ Banane | ¼ Zitrone | 10 Schafgarbenblätter | ½ Handvoll Klee mit Blüten | 5 Blätter Spitzwegerich | ½ l Wasser

TAG 7 ABENDS

Für ca. ½ l: 2 Aprikosen (ohne Stein) | 70 g Brombeeren | ½ Handvoll Rosinen | ½ Endiviensalat | ½ l Wasser

FRUCHTIG, MILD UND LEICHT

Der grüne Smoothie unterstützt Ihre Fastenkur

Wenn Sie eine strengere Heilfastenkur nur mit Wasser, Tee, Gemüsebrühe und Säften machen wollen, dient der grüne Smoothie nicht nur als idealer Einstieg in das Fasten, sondern auch als guter Ausstieg.
Trinken Sie einige Tage vor Beginn der Fastenkur hauptsächlich oder ausschließlich grüne Smoothies nach freier Wahl.
Während des Fastens verzichten Sie komplett auf Nahrung, auch auf Ihren Smoothie. Trinken Sie aber reichlich Wasser, mindestens zwei Liter am Tag!
Am Ende, beim Fastenbrechen, ist der grüne Smoothie ideal geeignet, um sich allmählich wieder an die Nahrungsaufnahme zu gewöhnen. Beginnen Sie am ersten Tag mit ein bis zwei Gläsern eines grünen Smoothies mit wenigen verschiedenen Zutaten. Steigern Sie in den folgenden Tagen nach und nach die Menge, bis Sie bei Ihrer persönlichen Wunschration angelangt sind, die Sie dann auch in Verbindung mit Ihrem normalen Essen beibehalten.

Was passiert beim Fasten im Organismus?

Um den Körper von Schadstoffen zu befreien, empfehlen Naturheilkundler und zunehmend auch konventionelle Ärzte regelmäßige Fastenkuren. Dabei kommt es zu einer Entlastung, Entgiftung und Regeneration des Organismus. Beim Fasten wird nicht nur Fett verbrannt. Viele Gewebe des Körpers werden von gespeicherten belastenden Schadstoffen befreit, hier nur einige der positiven Folgen:

- Der Zellstoffwechsel verbessert sich deutlich. Dies beruht darauf, dass Eiweiß-Zucker-Ablagerungen aus den Zellzwischenräumen gelöst werden.
- Das Herz-Kreislauf-System wird deutlich entlastet, und der Blutdruck sinkt, weil die Wände der Blutgefäße elastischer und die kleinsten, feinsten Verzweigungen der Blutgefäße, die Kapillaren, wieder durchlässiger werden.
- Durch das Abschmelzen des Bauchfetts verringert sich unter anderem die Überproduktion von Insulin, der Blutzucker harmonisiert sich.
- Im Bauchfett gespeicherte Giftstoffe werden gelöst und ausgeschieden.

Aufgrund der biochemischen Vorgänge beim Entgiftungs- und Ausleitungsprozess treten vorübergehend auch Effekte auf wie ein Anstieg der Harnsäure oder von Giftstoffen, die aus dem Fettgewebe ins Blut freigesetzt werden. Daher ist es wichtig, dass Sie jetzt sehr viel trinken (mindestens zwei Liter Wasser am Tag!) und Vitalstoffe über Tee, Weizengrassaft oder Saft aus anderen grünen Pflanzen und selbst gekochte Gemüsebrühe, die viele Mineralstoffe enthält, aufnehmen. Vor und nach der Kur füllen Sie Ihre Depots durch grüne Smoothies.

ENTLASTUNGSTAG 1

Für ca. 1 l: 1 Honigmelone (ohne Schale) | 2 Handvoll Spinat | ¼ l Wasser

ENTLASTUNGSTAG 2

Für ca. 1 l: ½ Wassermelone mit Schale und Kernen | ½ Bund Petersilie | ¼ l Wasser

ENTLASTUNGSTAG 3

Für ca. 1 l: 2 Kiwis (geschält) | 200 g Weinbeeren | 1 Kopf Romanasalat | ¼ l Wasser

FASTENBRECHEN TAG 1

Für ca. 1 l: 1 Mango (ohne Kern) | 200 g Weinbeeren | 10 Weinblätter | ½ l Wasser

FASTENBRECHEN TAG 2

Für ca. 1 l: 1 Banane | 1 Pfirsich | 100 g Erdbeeren | ¼ Zitrone | ½ Spitzkohl | ½ l Wasser

FASTENBRECHEN TAG 3

Für ca. 1,5 l: ½ Ananas | 1 Birne | 1 Banane | 6 Mangoldblätter (ohne den weißen oder roten Stiel) | ½ l Wasser

WICHTIG

BEWUSST TRINKEN

Nehmen Sie an den Tagen von Entlastung und Fastenbrechen nichts anderes zu sich als grüne Smoothies – und viel, viel Wasser. Sie sollten jeden Schluck Smoothie lang im Mund behalten, ihn gut »kauen« und bewusst den herrlichen Geschmack genießen. Viel trinken und langsames Genießen helfen auch gegen Hungergefühle! Beim Fastenbrechen werden Sie wahrscheinlich den Smoothie so intensiv schmecken wie noch nie.

Abnehmen ohne Jo-Jo-Effekt

Es ist sehr einfach, mit grünen Smoothies Gewicht zu verlieren, denn während des Abnehmens haben Sie mit ihm nicht das Gefühl, dass Ihnen etwas weggenommen wird und Sie Verzicht üben müssen. Sie haben ja den köstlichen grünen Smoothie! Mit seinen vielen Mikronährstoffen sättigt er den Vitalstoffbedarf aller Körperzellen, auch wenn Sie gleichzeitig die Kalorien reduzieren.

Mit allem gut versorgt

Das Gute daran ist: Sie hungern nicht, und der Jo-Jo-Effekt bleibt fast immer aus! Darunter versteht man die rasche Gewichtszunahme nach einer Fastenkur oder Diät. Nicht selten ist das Gewicht dann sogar höher als vorher: weil der Körper beim Abnehmen seinen Grundumsatz stark verringert und ihn auch Wochen danach noch niedrig hält. Wenn Sie wieder normal essen, kommt es zu einem Überangebot von Kalorien. Die überschüssigen Kalorien speichert der Körper in Form von ungeliebten Fettpolstern. Mit dem grünen Smoothie kommt es in der Regel nicht zum Jo-Jo-Effekt, weil er ein hochwertiges Nahrungsmittel ist, das mit Vitalstoffen vollgepackt ist und keine leeren Kalorien enthält. Wenn Sie die folgenden Regeln beachten, werden Sie mit dem grünen Smoothie in angemessener Zeit Ihr Idealgewicht erreichen und brauchen keine Angst vor dem Jo-Jo-Effekt zu haben:

- Probieren Sie als Anfänger den grünen Smoothie aus wie in diesem Buch beschrieben. Verändern Sie ansonsten zunächst nichts an Ihren Essgewohnheiten.
- Finden Sie über einen Zeitraum von mehreren Wochen bis Monaten heraus, welche Smoothie-Rezepte Ihnen am besten schmecken, und versuchen Sie, im Lauf der Zeit auf eine tägliche Smoothie-Menge von mindestens einem Liter zu kommen.
- Achten Sie immer darauf, dass der Anteil an grünen Blättern im Smoothie mindestens 50 Prozent, besser mehr, beträgt.
- Experimentieren Sie auch mit süßen Zutaten: Rosinen, Datteln, Feigen, Agavendicksaft, Birkensüße oder Honig. Maßvoll verwendet, tragen diese Zutaten nicht auf, wenn Sie bei »Süßhunger« statt zur Schokolade zur grünen Flasche greifen!
- Wenn Sie über mehrere Wochen täglich einen Liter grünen Smoothie zu sich genommen haben und sich damit wohlfühlen, sind Sie optimal für das Abnehmen mit grünen Smoothies vorbereitet.
- Durch den grünen Smoothie als Zusatznahrung werden Sie insgesamt weniger Hunger verspüren. Lassen Sie nur die Lebensmittel weg, bei denen es Ihnen leichtfällt. Sie sollten keinesfalls auf Lieblingsspeisen verzichten oder so wenig essen, dass Sie dauernd hungrig sind.
- Wenn Sie den »Abnehmturbo« einschalten wollen, starten Sie eine Entschlackungs- oder Fastenkur ▸ **siehe Seite 96/97**.

MANGOGOLD

Für ca. 1,5 l: ½ Ananas | ½ Mango (ohne Kern) | ¼ Avocado | ¼ Zitrone | ½ Bund Petersilie | 3 Mangoldblätter (ohne den weißen oder roten Stiel) | 1 Kopf Romanasalat | ½ l Wasser

LA DOLCE VITA

Für ca. 1,5 l: 1 Orange (geschält) | 2 Äpfel | 5 Aprikosen, getrocknet (eingeweicht) | 1 EL Leinsamen | ½ Kopfsalat | 1 Handvoll Spinat | 4 Kohlrabiblätter | ½ l Wasser

BROMBEERMUND

Für ca. 1,5 l: 1 Banane | 5 Aprikosen | 200 g Brombeeren | 1 Kopf Eichblattsalat | ½ l Wasser

STERN DES SÜDENS

Für ca. 1,5 l: 1 kleine Papaya (mit Schale und Kernen) | 4 Feigen | ½ Honigmelone (mit Kernen, ohne Schale) | Saft von 1 Limette | 4 Wirsingkohlblätter | ½ l Wasser

Die Verdauung optimieren

Der österreichische Ernährungsexperte Franz Xaver Mayr sagte: »Der Tod sitzt im Darm.« Er fand heraus, dass fast alle Erkrankungen sich bessern oder gar heilen, wenn der Darm wieder normal funktioniert. Damit die Verdauung reibungslos abläuft, müssen genug nützliche Bakterien vorhanden sein, die den Nahrungsbrei aufschließen. Fehlen sie, kommt es zu Blähungen, Verstopfung und Durchfall, oft auch zu entzündlichen Prozessen. Diese schwächen das Immunsystem und erhöhen die Krebsgefahr.

Die Darmflora sanieren

Der grüne Smoothie schafft beste Voraussetzungen für eine gesunde Verdauung. Die geballte Kraft von Ballaststoffen und Chlorophyll erzeugt ein basisches Milieu, worin die Darmschleimhaut regenerieren kann. Wasserunlösliche Ballaststoffe binden Wasser und Gifte, regen die Darmtätigkeit an und sorgen dafür, dass der Stuhl zügig den Darm verlässt. Sie wirken Entzündungen entgegen, senken durch Bindung von Gallensäuren den Cholesterinspiegel. Wasserlösliche Ballaststoffe werden zerlegt und in die Zellen aufgenommen, wo sie ihre Wirkungen entfalten, so beugen sie etwa effektiv Darmkrebs vor. Schädliche Darmkeime wie Fäulnisbakterien oder Pilze werden zurückgedrängt, gesunde Darmbakterien siedeln sich wieder an.

Wenn Sie regelmäßig grüne Smoothies trinken, merken Sie bald, dass der Stuhl angenehmer riecht. Dies ist der reinigenden Wirkung des Chlorophylls zu verdanken. In den 1950er-Jahren löste dessen Entdeckung als »natürliches Desinfektionsmittel« in den USA einen Boom aus: Chlorophylltabletten wurden erfolgreich gegen Körper- und Mundgeruch eingesetzt. Schlecht heilende Wunden mit extremem Wundgeruch konnten zur Abheilung gebracht werden. Bei Patienten mit künstlichem Darmausgang verringerten sich Geruchsbelästigung und Blähungen, was die Lebensqualität der Betroffenen erheblich verbesserte. Auch nach einer Behandlung mit Antibiotika, die die Darmflora stark belasten, hilft Chlorophyll die Darmflora zu regenerieren.

Die Magensäure regulieren

Genug Magensäure ist wichtig, damit Proteine im Magen in ihre Bestandteile, die Aminosäuren, zerlegt werden können. Verläuft dies unvollständig, gelangen Proteine nur teilweise zerlegt in den Darm, wo sie durch Gär- und Fäulnisprozesse Verdauungsbeschwerden auslösen. Das Immunsystem wird belastet, es kann zu Allergien kommen. Nur mit genug Magensäure können wir rohe Vitalkost gut verdauen. So verhilft uns der grüne Smoothie zur guten Verdauung und liefert den Schlüssel zur vollständigen Aufnahme seiner wertvollen Vitalstoffe gleich mit.

MISTER GREEN

Für ca. 1 l: ½ Avocado | ½ gelbe Paprika | 1 Mini-Salatgurke | 5 Stängel Basilikum | 1 Lauchstange (nur grüne Teile) | 3 Grünkohl-Nuggets (tiefgefroren) | ½ Bund Schnittknoblauch | 1 Prise Himalaja-Salz | ½ l Wasser

SWEET TATSOI

Für ca. 1,5 l: 1 süße Babyananas | 1 cm Ingwerwurzel (ungeschält) | ½ Zitrone (geschält) | 5 Blätter Löwenzahn | 10 Blatt Tatsoi | 1 EL Hanfsamen | ½ l Wasser

AUSPUTZER

Für ca. 1,5 l: 1 Banane | 200 g Heidelbeeren | 4 Datteln | 1 kleine Handvoll Scharbockskraut | 6 Wirsingkohlblätter | 2 cm Ingwerwurzel (ungeschält) | ½ l Wasser

QUANTENSPRUNG

Für ca. 1,5 l: 2 säuerliche Äpfel | 200 g Brombeeren | 2 EL Flohsamen | ¼ Zitrone | 1 Handvoll Brennnesselblätter | 1 kleine Handvoll Brunnenkresse | 5 knackige Blätter Pak Choi | ¾ l Wasser

▲

Erfolgreiches Anti-Aging

Um lange jung und gesund zu bleiben, ist die richtige Ernährung von entscheidender Bedeutung. Typische Beschwerden und Erkrankungen des Alters kann eine richtige Ernährung verhindern oder hinauszögern.

Radikalfänger im Smoothie

Besonders wirksam ist die regelmäßige Aufnahme einer ausreichenden Menge sogenannter Radikalfänger (Antioxidanzien). Sie neutralisieren aggressive Sauerstoffmoleküle, die bei Stoffwechselprozessen entstehen, den Körper schädigen und den Alterungsprozess vorantreiben. Dieser Vorgang wird auch als oxidativer Stress bezeichnet (Oxygenium = Sauerstoff).
Bestimmte Ursachen wie ionisierende Strahlung, Nahrungsmittelzusätze, schädliche Fette im Essen (Transfette) sowie psychischer und körperlicher Stress (auch allzu intensiver Sport) erzeugen besonders viele freie Radikale. Die Vitamine A, C und E sind sehr wirkungsvolle Radikalfänger. Andere Antioxidanzien sind Spurenelemente wie Zink, Selen und Kupfer. Schließlich findet sich eine Unzahl von Antioxidanzien unter den sekundären Pflanzeninhaltsstoffen, etwa Flavonoide in Äpfeln, Saponine im Spinat oder Lycopin in Tomaten.
Ein Großteil aller bekannten Antioxidanzien sind im Pflanzengrün enthalten und stecken somit auch reichlich im grünen Zaubertrank! Bestimmte Pflanzen enthalten sogar sehr große Mengen an Antioxidanzien, Kohl hat beispielsweise besonders viel Vitamin C. Da Vitamin C unter Hitzeeinwirkung zerstört wird, stellt der grüne Smoothie eine ideale Quelle für Vitamin C dar, wird er doch komplett aus unveränderten, frischen Naturprodukten hergestellt!

Weitere Anti-Aging-Stoffe

Es sind aber nicht nur die vielen Radikalfänger im grünen Smoothie, die uns jung und gesund halten. Die gemeinnützige Vereinigung Deutsches Grünes Kreuz (DGK) weist auf viele natürliche Anti-Aging-Mittel in Pflanzen und auf ihre Wirkungen gegen typische Alterserkrankungen hin.
Alle Kohlsorten sind in ihrer Nährstoffdichte unübertroffen. Frischer Kohl sollte gerade im Winter, wenn draußen kaum Wildkräuter zu finden sind, immer wieder Ihren grünen Smoothie bereichern. Neben großen Mengen an Vitamin C enthält er viel Folsäure, von der die meisten Menschen zu wenig haben. Folsäure wirkt unter anderem im Gehirn gegen Depressionen und Ängste, beugt Demenzerkrankungen vor, schützt das Gedächtnis und macht munter.
Rote und blaue Früchte enthalten den sekundären Pflanzeninhaltsstoff Resveratrol. Er beugt vielen Alterserkrankungen vor, darunter Arteriosklerose, Arthritis, Alzheimer, vielen Krebsarten und besonders der Netzhautdegeneration am Auge (Retinopathie).

Manche grünen Blätter, auch das Grün von Gemüse, enthalten je nach Standort das Spurenelement Selen. Es senkt unter anderem das Risiko für Prostatakrebs, eine typische Erkrankung des älteren Mannes.
Beeren wie Heidelbeeren, Schwarze Johannisbeeren und Preiselbeeren, um nur einige zu nennen, enthalten den dunkelroten Farbstoff Anthocyanin. Er beugt Krebs vor, bewahrt das Nervensystem vor Degeneration und wirkt entzündungshemmend.
Mandeln sind reich an Zink und fördern eine schöne Haut.
Im Grüntee, besonders im gemahlenen japanischen Matcha-Tee, sowie in Kakaobohnen ist der sekundäre Pflanzenstoff Epicatechin (EGCG) enthalten, dem viele positive Anti-Aging-Wirkungen zugeschrieben werden. Eine Studie am Volk der Kuna in Panama unterstrich die seit Langem bekannte Heilwirkung des Kakaos: Bei den Kuna, die viel Kakao konsumieren, fanden sich auch im Vergleich zu anderen ursprünglich lebenden Völkern auffallend niedrige Raten von Schlaganfall, Demenz, Diabetes und Krebs.
Verfeinern Sie Ihren grünen Smoothie mit rohen Bio-Kakaobohnen und immer wieder auch mit Matcha-Grünteepulver! Mehr zu den beiden lesen Sie auf Seite 85 und 88.
So gut wie alle Smoothie-Zutaten bringen Ballaststoffe in größeren Mengen mit. Die senken den Blutdruck und den Cholesterinspiegel und schützen auf diese Weise nachhaltig Herz und Kreislauf.

INFO

DAS JUNG-VITAMIN K

Das fettlösliche Vitamin K wurde 1929 von dem dänischen Forscher Carl Peter Henrik Dam bei seinen Studien mit Küken entdeckt. Weitere Untersuchungen ergaben, dass es entscheidend an der Mineralisation der Knochen beteiligt ist, also der im späteren Lebensalter oft auftretenden Osteoporose entgegenwirkt. Eine Studie der Harvard Medical School von 1999 belegt, dass Frauen, die viel Vitamin K zu sich nahmen, ca. 30 % weniger Knochenbrüche durch Osteoporose erlitten als Frauen, die sehr wenig Vitamin K aufnahmen. Das Vitamin ist zudem an der Regulierung des Zellwachstums beteiligt und beugt auf diese Weise Krebserkrankungen vor. Es wirkt der Gefäßverkalkung entgegen und ist wichtig für ein gesundes Herz-Kreislauf-System. Sehr gute Quellen für Vitamin K sind Grünkohl, Portulak, Schnittlauch, Spinat, Brunnenkresse, Rosenkohl, Brokkoli.

SCHÖNE WINZERIN

Für ca. 1,5 l: 100 g Kirschen (ohne Stein) | 200 g Weinbeeren | 2 EL Kakaobohnen | 1 Handvoll Weinblätter | 1 Handvoll Spinat | ½ l Wasser

PINA SALADA

Für ca. 1 l: ½ Ananas | 2 EL Kokosmus (roh) | 200 g Feldsalat | ½ Liter Kokoswasser (Rohkostqualität)

JUNGBRUNNEN

Für ca. 1 l: 1 Mango (ohne Kern) | ½ Banane | 1 EL Matcha-Grünteepulver | 6 Grünkohl-Nuggets (tiefgefroren) | ½ l Wasser

GOLDENER APFEL

Für ca. 1 l: 4 Kiwis (geschält) | 1 Apfel | 1 Handvoll Rosinen | 1 Bund Petersilie | ½ l Wasser

GRANADA

Für ca. 1 l: Fruchtfleisch von 1 Granatapfel | 2 Äpfel | 3 Blätter Grünkohl | 8 Blätter Pak Choi | 1 EL Leinsamen | Saft von ½ Zitrone | ca. ½ l Wasser

LA VERA

Für ca. 1 l: 100 g Heidelbeeren | 1 Blatt Aloe vera (nur das Innere) | 2 Birnen | 1 Handvoll Giersch | 15 Blätter Scharbockskraut (vor der Blüte!) | ½ l Wasser

GRÜNE »WUNDERWAFFE« MORINGA

Der Moringa-Baum aus der Familie der Bennussgewächse ist der neue Stern am Grüne-Smoothies-Himmel.

Die Heimat des Strauches oder kleinen Baumes sind Indien und die Arabische Halbinsel sowie Ostafrika, Madagaskar und das südwestliche Afrika.
Besonders im Winter, wenn die Wildkräuter nur noch spärlich wachsen, empfehlen wir, den grünen Smoothie mit Moringa-Pulver und seinen Vitalstoffen aufzupeppen. Er gedeiht schließlich im warmen Klima, und seine schnell nachwachsenden Blätter können praktisch »pausenlos« geerntet werden.

NÄHRSTOFFWUNDER

Laut Untersuchungen ist der Moringa-Baum die nährstoffreichste Pflanze der Erde. Viele Ernährungsexperten halten ihn für eine »grüne Wunderwaffe«. Nicht nur der Gehalt an Antioxidanzien ist unschlagbar hoch. Die Blätter des Moringa-Baumes weisen auch einen sehr hohen Anteil von hervorragend verwertbaren Proteinen auf; sie liefern zudem viele Mineralstoffe, Vitamine und Spurenelemente.

Darüber hinaus weisen die Blätter einen besonders hohen Gehalt an sekundären Pflanzenstoffen auf.

PERFEKT FÜR IHRE SMOOTHIES-KÜCHE

Dank seines außergewöhnlich hohen Nährstoffgehaltes ist Moringa ein echtes »Powerfood« und eignet sich hervorragend als Beigabe in grünen Smoothies.
Legen Sie sich in der kalten Jahreszeit einen Vorrat an Moringapulver in Rohkostqualität zu. Eine gute Bezugsadresse von Kleinbauernkooperativen in Süd- und Ostafrika finden Sie auf Seite 121. Das Pulver ist ein Kraftpaket mit umfassendem Vitalstoffspektrum. Es schmeckt angenehm mild und rundet den Smoothie schön ab. Geben Sie in der an Wildkräutern armen Jahreszeit täglich 1 bis 2 Teelöffel hochwertiges Moringa-Pulver in Ihre grünen Smoothies.

Grüne Smoothies fürs weibliche Wohlbefinden

Mit ihren Vitalstoffen, sekundären Pflanzenstoffen und ihrer hormonregulierenden Wirkung sind grüne Smoothies ein hilfreiches Lebensmittel bei Frauenbeschwerden.

Beschwerdenfreie »Tage«

Frauen, die regelmäßig grüne Smoothies trinken, leiden weniger unter dem prämenstruellen Syndrom (PMS) mit Reizbarkeit und Schmerzen. Auch die Krämpfe während der Menstruation verlaufen milder. Der Grund ist wahrscheinlich die harmonisierende Wirkung auf den Organismus, in Verbindung mit stimmungsaufhellenden, krampflösenden Inhaltsstoffen bewährter »Frauenkräuter« wie Mönchspfeffer, Johanniskraut und Frauenmantel. Für starke Krämpfe hat sich Schafgarbe als besonders wirksam erwiesen.

Der hohe Anteil an basischen Stoffen im grünen Smoothie bestätigt den Therapieansatz des sogenannten Basenfastens. Manche Frauen, die in den Tagen vor den Tagen ausschließlich grüne Smoothies tranken, stellten überhaupt kein PMS fest und waren während der Regel völlig schmerzfrei.

Eine positive Wirkung dürfte auch die Ernährungsumstellung haben, die oft mit den grünen Smoothies einhergeht: Weniger Kaffee und raffinierter Zucker, Fleisch und Milchprodukte und stattdessen die komplexeren Kohlenhydrate aus dem Pflanzengrün wirken sich über die erhöhte Produktion des Gutelaunehormons Serotonin positiv aufs allgemeine Wohlbefinden aus.

Schwangerschaft und Stillzeit

Von positiven Auswirkungen berichten uns Frauen, die in der Schwangerschaft regelmäßig grüne Smoothies tranken. Der Nachwuchs wird von Anfang an bestens mit Vitalstoffen versorgt, die Mutter vor Mineralien- und Vitaminmangel geschützt. Das Gleiche gilt für die Stillzeit. Nach dem Abstillen kann dem Baby auch schon der erste grüne Smoothie angeboten werden!

Leichter durchs Klimakterium

Frauen, die unter Beschwerden der Wechseljahre leiden, stellen mit grünen Smoothies Linderung fest. Ausschlaggebend dürfte die Wirkung der Rohkost auf das hormonelle Regulationssystem sein: Viele sekundäre Pflanzenstoffe entfalten hormonähnliche Wirkungen. Besonders bekannt ist hier der Granatapfel, spezifisch wirkt auch die Traubensilberkerze (Cimicifuga racemosa), die bei uns als Extrakt erhältlich ist.

Harnwegsbeschwerden lindern

Frauen, die unter Blasenentzündungen leiden, freuen sich ebenfalls über wesentliche Verbesserungen durch grüne Smoothies. Im Erkrankungsfall helfen Preiselbeeren, Brennnessel- und Birkenblätter als Zutat.

WICHTIG

SCHWANGER?
In der Schwangerschaft sollten Sie Heilkräuter nur in Gewürzmengen verwenden, da manche eine wehenfördernde Wirkung haben. Um sicherzugehen, fragen Sie Ihren Arzt, welche Kräuter Sie bedenkenlos zu sich nehmen können! Halten Sie sich vor allem an Blattsalate und die grünen Blätter vom Gemüse.

SUPERHELDIN

Für ca. 1 l: 2 Orangen (geschält) | 1 Birne | 200 g Feldsalat | 4 Blätter Frauenmantel | 10 Blätter Mönchspfeffer | 1 EL Hanfsamen (geschält) | ¼ l Wasser

VENUS IN DER WIESE

Für ca. 1,5 l: ½ Avocado | 2 Äpfel | 1 Granatapfel (ohne Schale) | ½ Eichblattsalat | 1 Handvoll Spinat | ½ Handvoll Schafgarbenblätter | ¼ Zitrone (geschält) | 1 kleines Stück Zitronenschale | ½ l Wasser

SILBERSTERN

Für ca. 1,5 l: 1 Banane | 2 Äpfel | 4 getrocknete Aprikosen (eingeweicht) | Saft von ½ Zitrone | 2 Handvoll Babyspinat | 3 EL Johanniskraut | 1 EL Traubensilberkerzen-Extrakt | ½ l Wasser

JEANNE D'ARC

Für ca. 1 l: 2 Mangos | 1 Apfel | 1 frische Feige | 1 kl. Handvoll Johanniskraut mit Blüten | 2 EL Schafgarbenblätter | 5 Blätter Romanasalat | ¼ TL Stevia | 1 EL Zitronensaft | ½ l Wasser

WASSERFEE

Für ca. 1 l: 150 g Preiselbeeren | 150 g Heidelbeeren | 6 Blatt Tatsoi | 1 Brennnessel | 2 TL Chiasamen (eingeweicht) | 2 TL Honig | ½ l Wasser

▲

Grüne Beauty-Smoothies

Eine schöne, gesunde Haut kommt von innen! In Hochglanzmagazinen findet man entsprechend immer öfter Fotos von Schauspielerinnen, die strahlend ein Glas grünen Smoothie in der Hand halten.
Frauen wie Männer, für deren beruflichen Erfolg gutes Aussehen wichtig ist, sind gerade dabei, den grünen Powerdrink als Schönheitselixier zu entdecken. »Wahre Schönheit kann man trinken« lautet die Devise seit der Entdeckung des grünen Smoothies. Mit jedem Schluck bekommen Sie eine Fülle von kostbaren Inhaltsstoffen, die Ihre Haut von innen reinigen, beruhigen und verjüngen. Aber nicht nur das: Entzündungshemmende Stoffe, verjüngende Antioxidanzien, wertvolle Fettsäuren und vieles mehr befreien Sie vom negativen, oxidativen Stress. Mehr innerliche Entspannung und körperliche Gesundheit zeigen sich dann ebenfalls in einem attraktiven Äußeren.

Klare Haut, seidiges Haar und feste Nägel

Das Wissen über die verjüngende Kraft bestimmter Pflanzen existiert seit Jahrtausenden. Genießen Sie es, Ihre Attraktivität wirkungsvoll zu unterstreichen. Der grüne Smoothie enthält alles, was Ihre Haut benötigt und schön macht. Auch Ihr Haar und Ihre Finger- und Zehennägel profitieren von ihm, allen voran von den Mineralstoffen und Vitaminen. Haar und Nägel werden wieder glänzend und geschmeidig.

TIPP

PFLANZLICHE HAUTSPEZIALISTEN

Diese Zutaten schenken schöne Haut:

- Afa-Algen
- Apfel
- Aprikose
- Brennnessel
- Brunnenkresse
- grüne Teeblätter / Matcha-Teepulver
- Gundermann
- Huflattich
- Kakaobohne
- Kamille
- Kohlblätter
- Petersilie
- Pfirsich
- Rosmarin
- Salbei
- Sanddorn
- Schafgarbe
- Spirulina-Algen
- Wildes Stiefmütterchen

PFIRSICHZART

Für ca. 1,5 l: ½ Avocado | 4 Pfirsiche | Saft von 1 Limette | 200 g Babyspinat | ½ Handvoll Ackerschachtelhalm | ca. ½ l Wasser

MEERESGÖTTIN

Für ca. 1 l: 1 Banane | 8 Aprikosen (ohne Stein) | Saft von ½ Zitrone | 50 g Rucola | 12 junge Lindenblätter | ¼ Handvoll Afa-Algen | ca. ½ l Wasser

LÖWENZÄHNCHEN

Für ca. 1 l: ½ Ananas | 4 Datteln | 2 Handvoll Giersch | 4 Blätter Huflattich | 6 Löwenzahnblätter | ca. ½ l Wasser

BELLISSIMO

Für ca. 1,5 l: ½ Papaya (mit Schale und Kernen) | 3 Feigen, getrocknet (eingeweicht) | ½ Galia-Melone (mit Schale und Kernen) | Saft von ½ Limette | 4 Grünkohlblätter | 5 Salbeiblätter | ca. ½ l Wasser

ONE IN A MILLION

Für ca. 1,5 l: 1 Banane | 3 Orangen (geschält) | 4 Aprikosen, getrocknet (eingeweicht) | 2 EL Leinsamen (eingeweicht) | ¼ Zitrone (geschält) | 200 g Feldsalat | Blätter von 1 Bund Radieschen | 10 cm vom Aloe-vera-Blatt (geschält) | Blätter von 1 kleinen Stängel Rosmarin | ca. ½ l Wasser

FRUITY BEAUTY

Für ca. 1,5 l: 3 Pfirsiche (ohne Kern) | 200 g Himbeeren | ¼ Zitrone (geschält) | 125 g Spinat | 4 Kohlrabiblätter | ½ Handvoll Spirulina-Algen | ½ l Wasser

▲

TOP 5 FÜR GESUNDE HAUT

Von den vielen Pflanzen, die das Wohlbefinden und ein strahlendes, gutes Aussehen fördern, möchten wir fünf besonders hervorheben.

LÖWENZAHN

Er wirkt stark antioxidativ und reinigend, da er Leber und Galle unterstützt. Als Heilpflanze ist er seit Jahrhunderten bekannt. In Frankreich nennt man ihn aufgrund seiner harntreibenden Wirkung »pissenlit« (»Mach ins Bett«). Er wird besonders bei Haut- und Haarproblemen empfohlen sowie bei Entzündungen, Ekzemen oder Schuppen. Sie können nicht nur die Blätter, sondern auch die Blüten im grünen Smoothie verwenden (aber besser ohne die Blütenstiele, die viel von dem leicht reizenden Milchsaft enthalten).

ALOE VERA

Bisher sind über 200 ihrer Inhaltsstoffe identifiziert, die Gesundheit und Schönheit fördern. Von besonderem Wert ist hier der sekundäre Pflanzeninhaltsstoff Acemannan, der ein breites Wirkspektrum entfaltet – von der Abwehr von Krankheitserregern bis hin zur Straffung der Haut. Sehr wertvoll sind auch die reichlich enthaltenen Spurenelemente Zink und Selen. Schälen Sie das transparente Gel aus dem Blatt (von der grünen Blattschale verwenden Sie nur ganz wenig, denn sie enthält Stoffe, die sich stark auf die Verdauung auswirken.)

ACKERSCHACHTELHALM

Er ist eine der ältesten Pflanzen unserer Erde, enthält sehr viel Kieselsäure und verbessert dadurch die Elastizität der Haut. Zudem wirkt er harntreibend und reinigend und stärkt die Blase. Empfohlen wird er unter anderem bei starker Faltenbildung und Cellulite.

AVOCADO

Die »Butter vom Baum« enthält eine Kombination von Wirkstoffen, die für einen guten Teint ideal sind. Sie ist reich an ungesättigten Fettsäuren, Vitamin E und Biotin, unterstützt die Erneuerung der Hautzellen und des sie umgebenden Bindegewebes. Außerdem senkt sie trotz ihres hohen Fettgehaltes den Cholesterinspiegel. Der grüne Smoothie wird durch Avocados geschmacklich abgerundet und erhält eine cremig-zarte Konsistenz. Übrigens: Eine noch harte Avocado wird schneller reif, wenn Sie sie in eine Papiertüte mit Äpfeln geben.

GRANATAPFEL

Die paradiesische Frucht wird wegen ihres extrem hohen Gehalts an Antioxidanzien, sekundären Pflanzenstoffen und Spurenelementen als eine der gesündesten Früchte geschätzt. Er ist ein hervorragendes Anti-Aging-Mittel, das zunehmend auch in Kosmetika verwendet wird. Das rubinrote Fruchtfleisch macht die Haut fester und elastischer und reichert sie mit Feuchtigkeit an – unter anderem durch Inhaltsstoffe, die dem weiblichen Geschlechtshormon Östrogen ähneln. Sein köstlicher Geschmack ist ein Highlight im grünen Smoothie.

Auf natürliche Weise Muskeln aufbauen

Grüne-Smoothies-Trinker räumen mit dem Mythos auf, dass man »richtige« Muskeln nur durch den Verzehr von Fleisch bekommt. Wenn der Körper die Aminosäuren (Eiweißbausteine), die er zum Aufbau von Muskelmasse braucht, aus tierischem Eiweiß nehmen muss, ist der Energieaufwand viel größer. Denn die Verdauung muss die langen Aminosäureketten erst aufspalten, um die einzelnen Aminosäuren dem Körper zur Verfügung zu stellen. So geht schon bei der Bereitstellung der Proteine Energie verloren, die sonst in den Muskelaufbau fließen kann.

Essenzielle Aminosäuren

Bei den grünen Pflanzen sind die Eiweißmoleküle weniger komplex, dafür verfügen die Pflanzen über mehr essenzielle Aminosäuren in einfacher Form, und diese kann der Körper besonders leicht aufnehmen. Dies ist auch der Grund dafür, dass Bodybuilder, die sich rohköstlich-vegan ernähren und viel grüne Smoothies trinken, oft nur zwei- bis dreimal in der Woche ins Fitnessstudio gehen und dort nicht länger als eine Stunde trainieren. Der Körper nimmt die Vitalstoffe, inklusive natürlicher Fettsäuren und Proteine, nicht nur schneller auf, er scheint sie aufgrund ihrer naturbelassenen Qualität auch dauerhafter in seine Zellen einbauen zu können.

Menschen, die ihre Muskeln entspannt und auf natürliche Weise aufbauen, berichten, dass die trainierten Muskeln schönere Formen haben und nicht so rasch wieder abgebaut werden, wenn einmal eine Weile weniger oder gar nicht trainiert wird.

INFO

PROTEINE AUS PFLANZENGRÜN

Am Beispiel von Grünkohl sehen Sie hier, welche umfassende Versorgung mit essenziellen Aminosäuren das Pflanzengrün liefert.

Essenzielle Aminosäure	Empf. Tagesmenge für Erwachsene	Gehalt in 500 g rohem Grünkohl
Isoleucin	700 mg	993 mg
Leucin	980 mg	1 166 mg
Lysin	840 mg	993 mg
Methionin	910 mg	161 mg
Phenylalanin	980 mg	850 mg
Threonin	490 mg	741 mg
Tryptophan	245 mg	202 mg
Valin	700 mg	910 mg

Quelle: V. Boutenko: Green for Life, S. 52

WIKINGER

Für ca. 1 l: ½ Zitrone (geschält) | 3 cm Ingwerwurzel (ungeschält) | 8 Grünkohl-Nuggets (tiefgefroren) | 1 Bund Petersilie | Grün von 3 Möhren | ca. ½ l Wasser

FEIGENBLATT

Für ca. 1,5 l: 4 Feigen, getrocknet (eingeweicht) | 200 g Heidelbeeren | 1 EL Kokosmus, roh (aus dem Glas) | 4 Mangoldblätter (ohne den weißen oder roten Stiel) | 6 Spinatnuggets (tiefgefroren) | 5 Kohlrabiblätter | ca. ½ l Wasser

TRAPPER

Für ca. 1 l: ½ Avocado | ¼ Zitrone | ½ Kopfsalat | 8 Blatt Löwenzahn | 1 Handvoll Brennnesselblätter | 4 junge, hellgrüne Fichtentriebe | ca. ½ l Wasser

SUPERHELD

Für ca. 1,5 l: 150 g Durian | 2 EL Leinsamen | 5 Mandeln (eingeweicht) | 4 Datteln | 4 Schwarzkohlblätter | 8 Blatt Scharbockskraut | 5 Brokkoliblätter | 5 mittelgroße Zucchiniblätter | 3 Zucchiniblüten | ca. ¾ l Wasser

INFO

TIERISCH STARK

Die stärksten Tiere in freier Wildbahn, wie Gorilla und Elefant, aber auch Pferde und Rinder, sind reine Rohköstler und ernähren sich zu einem Großteil von vitalstoffreichen grünen Blättern. Die Tabelle auf Seite 26 zeigt beispielhaft den Gehalt von Aminosäuren in einem tierischen und einem pflanzlichen Lebensmittel.

Mehr Glück in der Liebe

Ist der Körper mit allen Vitalstoffen versorgt, die er braucht, kommt es nicht nur auf der körperlichen Ebene zu einer Vitalisierung. Durch die harmonisierende Wirkung auf Körper, Geist und Seele steigen auch Sensibilität und Mitgefühl. Wir sind mehr im Herzen zentriert, und dies hat tief greifende Auswirkungen auf Partnerschaft und Freundschaften. Wir nehmen den anderen in seiner Individualität wahr, hören ihm zu und fühlen uns im Herzen verbunden. Dieses tiefe Gefühl, das von den Vitalstoffen gefördert wird, muss sich natürlich nicht auf Partnerschaft und Familie beschränken. Es ist eine Qualität, die sich auf die Beziehung zu allen Menschen, zu allen Lebewesen und zu unserem Planeten Erde selbst auswirkt.

Lebensfreude und Lebendigkeit

Wenn wir lebendige Nahrung zu uns nehmen, gehen wir anders mit dem Leben um. Wir gewinnen an Ausstrahlung und Kreativität. Diese Lebenslust vertieft nicht nur unser Fühlen, sondern wirkt sich auch auf körperlicher Ebene in unserer Sexualität aus. Wir fühlen uns attraktiver, wenn wir gesund und vital sind, haben mehr Lust auf Berührung und körperliche Begegnung. Die feinere Wahrnehmung macht das Liebesleben entspannter und kreativer. Viele Menschen berichten, dass sie Berührungen intensiver empfanden und die sexuelle Befriedigung tiefer war, nachdem sie grüne Smoothies und mehr Vitalkost für sich entdeckt haben. Besonders vorteilhaft ist es in diesem Zusammenhang natürlich, wenn beide Partner täglich grüne Smoothies trinken.

TIPP

LIEBESZAUBER

Grün ist die Farbe des Herzens und steht für Beziehung, Liebe, Mitgefühl, Herzenswärme und Heilung. Laden Sie Ihren Schatz oder den, der es werden soll, doch mal auf einen festlichen Smoothie ein. Dekorieren Sie Tisch oder Picknickdecke je nach Jahreszeit mit frischen Blüten, Herzkirschen, Mandarinenspalten, Vanilleschoten, Sternanis ... Servieren Sie einen fruchtigen, leuchtend grünen Smoothie sinnlich mit einem dicken Strohhalm in schönen Gläsern. Wenn die Einladung verführerisch genug war, kann das Treffen ja gern mal in der Badewanne enden ... mit duftenden roten Rosenblüten im warmen Wasser.

PAPAYAYA

Für ca. 1,5 l: ½ große Papaya (mit Schale und Kernen) | 4 Aprikosen (ohne Kern) | 3 EL Kokosöl | 6 cm vom Aloe-vera-Blatt (geschält) | ½ Kopf Eichblattsalat | 4 Blätter Mangold | Saft von ½ Zitrone | ca. ½ l Wasser

SCHOKOKUSS

Für ca. 1,5 l: 1 Banane | 2 Birnen | 2 Scheiben Ananas (ohne Schale) | 6 rohe Kakaobohnen | 1 TL Shilajit-Pulver | 2 Stängel Dill | 4 große Blätter Römersalat | die obere Hälfte von einem großen Spitzkohl | 2 cm Ingwerwurzel (ungeschält) | ca. ½ Liter Wasser

ROSENGARTEN

Für ca. 1,5 l: 2 süße Äpfel | 1 Granatapfel (nur das Innere) | ¼ Wassermelone (ohne Schale) | 2 Handvoll Babyspinat | 6 Lindenblätter | 8 Rosenblütenblätter (von der Wildrose oder von Bio-Rosen) | 1 cm Vanillestange | 1 EL Agavendicksaft, roh | 2 TL Chiasamen (eingeweicht) | ca. ½ l Wasser

KIRSCHENHIMMEL

Für ca. 1,5 l: 2 reife Mangos (ohne Kern) | 150 g Herzkirschen | 125 g Feldsalat | 4 Stängel Staudensellerie | ¼ Salatgurke | ½ Zitrone (geschält) | ca. ½ l Wasser

WICHTIG

KEINE THERAPIE
Damit kein Missverständnis aufkommt: Grüne Smoothies können helfen, Krebserkrankungen vorzubeugen, sie können auch eine Krebsbehandlung unterstützen und ergänzen. Sie sind aber keinesfalls eine Krebstherapie!

Vorsorge gegen Krebserkrankungen

Krebs ist ein äußerst komplexes Krankheitsgeschehen, das auch wissenschaftlich noch längst nicht erschöpfend und ausreichend verstanden wird. Es gibt Unmengen von Daten und Forschungsergebnissen, die oft sehr widersprüchlich sind. Was können Sie trotzdem tun, um Krebserkrankungen möglichst wirksam vorzubeugen?

Stoffe, die Pflanze und Mensch gesund erhalten

Durch seine Zusammensetzung aus Obst und vor allem aus frischen grünen Blättern ist der grüne Smoothie ein hochpotentes Anti-Krebs-Nahrungsmittel. Das hat damit zu tun, dass der pflanzliche Organismus eine Vielzahl von Substanzen enthält, die ihn vor Schädigungen (unter anderem durch Bakterien, Viren, Pilze, UV-Strahlung, Schadstoffe in der Luft und in Niederschlägen sowie Fressfeinde) schützen. Diese sekundären Pflanzeninhaltsstoffe (etwa Polyphenole), Vitamine, Mineralstoffe und Spurenelemente neutralisieren die freien Radikale, die unsere Zellen schädigen. Dadurch können sich weniger Krebszellen bilden. Von besonderer Bedeutung in der Krebsabwehr ist das Blattgrün, das Chlorophyll ▸ **siehe Seite 28**, das auch beim Menschen seine heilenden Wirkungen entfaltet.

Polyphenole (wie Resveratrol in der Haut blauer Weinbeeren, in Pflaumen und Knöterichgewächsen) aktivieren ein bestimmtes Enzym, das nur in Krebszellen vorhanden ist und das bewirkt, dass sich die Krebszelle selbst vernichtet.

Weitere krebshemmende Wirkstoffe befinden sich in bitter oder scharf schmeckenden Grünpflanzen, wie beispielsweise die Triterpene im Löwenzahn. Viele von ihnen stecken auch in verschiedenen Kohlsorten, wie die Glucosinolate.

Bezüglich der krebshemmenden Wirkung von Kohl gibt es viele Studien, die seine Wirksamkeit ab einer regelmäßigen Verzehrmenge von 200 Gramm bis 400 Gramm pro Tag beweisen. So fanden französische Wissenschaftler heraus, dass sich bei regelmäßigem Konsum von Kohl das Risiko für Lungenkrebs signifikant reduziert, während US-Forscher feststellten, dass Kohl vor Bauchspeicheldrüsenkrebs schützt.

Zur Erinnerung ...

Damit Ihr grüner Smoothie in puncto Krebsvorsorge auch hält, was er verspricht, sollten Sie Folgendes immer beachten:

- Ein Liter grüner Smoothie sollte 200 Gramm bis 350 Gramm grüne Blätter und 100 Gramm bis 200 Gramm ungeschältes Obst und auch Obstkerne enthalten. Wirksame Stoffe zur Vorbeugung gegen Krebs stecken bei Früchten vor allem in den Schalen und Kernen.
- Grundsätzlich gilt: Möglichst viel grünes Blattgemüse zu sich nehmen!
- Das Blattgemüse sollte auch Bitter- und Scharfstoffe enthalten: Nehmen Sie daher auch immer wieder scharfe und bittere Pflanzen wie zum Beispiel Rucola und Wirsing, Löwenzahn und Schafgarbe.
- Variieren Sie die Zutaten Ihrer grünen Smoothies ausgiebig regelmäßig und passend zur Jahreszeit.
- Trinken Sie den Smoothie möglichst frisch, damit Ihnen die geballte Biophotonen-Energie zugutekommt. Mehr darüber lesen Sie auf Seite 61.
- Trinken Sie über den Tag verteilt ein bis zwei Liter grünen Smoothie. Achten Sie dabei jedoch immer auf die Signale Ihres Körpers und auf Ihren Appetit. Denn jeder Mensch ist anders, und mehr ist nicht in jedem Fall mehr!
- Seien Sie es sich wert, gebratene und sehr fette Lebensmittel, raffinierten Zucker und Weißmehl(produkte) ebenso wie Fastfood und Fertiggerichte immer mehr aus Ihrem Speiseplan zu streichen.

TIPP

EIN GESUNDES DUO

Ganz oben auf der Liste der besten Anti-Krebs-Mittel stehen bei den Früchten die Heidelbeeren und beim Grünzeug die Kohlblätter – je intensiver ihr Grün ist, umso wirkungsvoller sind sie!

Machen Sie doch mal wieder einen Ausflug in den Wald zum Heidelbeerensammeln, denn auch entspannte Bewegung an der frischen Luft und in der Natur ist aktive Krebsvorsorge!

TIPP

FRISCH UND VERLOCKEND
Schneiden Sie nach dem Einkauf die Blätter von Kohlrabi, Möhre, Roter Bete, Sellerie ... glatt ab und stellen sie in ein Glas (gefiltertes) Wasser. So bleibt das Pflanzengrün frisch und sieht animierend aus.

WEINBERG

Für ca. 1,5 l: 2 kleine Äpfel | 200 g blaue Weinbeeren | 6 frische Feigen (oder 4 eingeweichte getrocknete Feigen) | ¼ Zitrone (geschält) | 12 Mariendistelblätter | 1 Handvoll Giersch | ca. ½ l Wasser

BEERENTRAUM

Für ca. 1 l: 200 g Brombeeren | 50 g Maulbeeren, frisch oder getrocknet (eingeweicht) | Saft von ½ Zitrone | 1 Handvoll Brombeerblätter | ½ Handvoll Rucola | 7 Blatt Löwenzahn | ca. ½ l Wasser

»SÜSSES ODER SAURES!«

Für ca. 1,5 l: 1 Banane | 2 Pfirsiche ohne Kern | 150 g Himbeeren | 1 Handvoll Himbeerblätter | 4 Blätter Sauerampfer | 2 Handvoll Tatsoi | ca. ½ l Wasser

LILA TRIFFT GRÜN

Für ca. 1 l: 1 kleiner Apfel | 6 Pflaumen (ohne Kern) | 3 getrocknete Pflaumen, eingeweicht (ohne Kern) | 2 Kiwis (geschält) | 1 cm Ingwerwurzel (ungeschält) | 8 Rote-Bete-Blätter | 4 Blätter Mangold (ohne Stiel) | 4 Blätter Grünkohl | ca. ½ l Wasser

HERBY

Für ca. 1 l: 1 Handvoll Blätter vom Weißen Gänsefuß | 1 Handvoll Brennnesselblätter | 4 Blätter Sauerampfer | 4 Stängel Gundermann (Gundelrebe) | ½ Zitrone (geschält) | 2 cm Ingwerwurzel (ungeschält) | ½ l Wasser

SWEET & SPICY

Für ca. ¾ l: 1 Mango (ohne Kern) | 1 Apfel | 1 cm Ingwerwurzel (ungeschält) | 1 Handvoll Brennnesselblätter | 2 Blätter Pak Choi | 10 Gänseblümchen | ¼ l Wasser

EL CLÁSICO

Für ca. 1 l: 1 Banane | 2 kleine Äpfel | 1 Handvoll Brennnesselblätter | 1 Handvoll Schafgarbenblätter | 3 Datteln | Saft von ½ Zitrone | ½ l Wasser

WALDESLUST

Für ca. 1 l: 1 Banane | 200 g Heidelbeeren | 1 cm Ingwerwurzel (ungeschält) | 5 Blätter Löwenzahn | 2 Wirsingkohlblätter | ½ l Wasser

Bücher, die weiterhelfen

Grüne Smoothies

Boutenko, Victoria
Green for Life
Hans-Nietsch-Verlag

Boutenko, Victoria
Grüne Smoothies
Hans-Nietsch-Verlag

Dittrich-Opitz, Christian:
Befreite Ernährung
Hans-Nietsch-Verlag

Guth, Dr. med.Christian; Hickisch, Burkhard; Dobrovičová, Martina
Grüne Smoothies (Küchenratgeber)
GRÄFE UND UNZER VERLAG

Hickisch, Burkhard
WAS UNS WIRKLICH NÄHRT: Grüne Smoothies sind erst der Anfang
Arkana

Nossem, Andrea
Grüne Smoothies: Genießerrezepte für jede Jahreszeit (mit Wildkräuterkunde)
Goldmann

Schmid, Franziska; Mehring, Stephanie
7 Tage grün. Grüne Smoothies und Rohkost
Trias

Wildkräuter

Bräutigam, Gabriele
Wilde grüne Smoothies. 50 Wildkräuter – 50 Rezepte
Hans-Nietsch-Verlag

Brosius, Ralf
Wildkräuter: Meine Lebensretter aus der Natur
Kösel

Fleischhauer, Steffen Guido u. a.
Essbare Wildpflanzen
AT Verlag

Paume, Marie-Claude
Grün, wild und schmackhaft
Hans-Nietsch-Verlag

Westphal, Elisabeth
Wildkräuter
Packpapierverlag

Zellner, Anita; Hofmann, Helga
Wildkräuter & Wildfrüchte bestimmen leicht gemacht
GRÄFE UND UNZER VERLAG

Vitalkost

Boutenko, Victoria
Die Vitalrohvolution
Omega

Dahlke, Ruediger
Peace Food
GRÄFE UND UNZER VERLAG

Kirk, Mimi
Rohköstlich leben
Hans-Nietsch-Verlag

Mutter, Dr. med. Joachim
Grün essen!
VAK

Rothkranz, Markus
Heile dich selbst
Hans-Nietsch-Verlag

Sandjon, Chantal-Fleur
Rohvolution
GRÄFE UND UNZER VERLAG

Wolfe, David
Die Sonnen-Diät
Goldmann

Vegetarische Ernährung

Foer, Jonathan Safran
Tiere essen
Kiepenheuer & Witsch

Leitzmann, Claus; Keller, Markus
Vegetarische Ernährung
Ulmer

Lührs, Katja
Viva Veggie!
Hans-Nietsch-Verlag

Robbins, John
Food Revolution
Hans-Nietsch-Verlag

Vegane Ernährung

Dahlke, Ruediger
Vegan für Einsteiger
GRÄFE UND UNZER VERLAG

Hildmann, Attila
Vegan for Fun
Becker Joest Volk

Just, Nicole; Kintrup, Martin
Vegan vom Feinsten
GRÄFE UND UNZER VERLAG

Langley, Gill
Vegane Ernährung
Echo Verlag

Adressen & Links, die weiterhelfen

www.burkhard-hickisch.de
Homepage des Autors: Ernährungstipps, Produktempfehlungen, Musikprojekte, Inspirationen, Events …

Treffpunkte

Grüne Küche
Urbanstr. 177a, 10961 Berlin
www.gruenekueche.de

Grüne-Smoothies-Gesundheitszentrum
Dr. med. Christian Guth
Rennbahnweg 52, 1220 Wien
guth@gruenesmoothies.at
Tel.: +43 664 35 82 501

Grüne-Smoothies-Werkstatt
Mag. Martina Dobrovi□ová,
Salierigasse 27/15, 1180 Wien
www.kissfrominside.com

Zutaten in Rohkostqualität

www.keimling.de

www.pureraw.de

www.lifefood.de

Power-Mixer

www.burkhard-hickisch.de

www.gruenesmoothies.de

Wasserfilter/-anlagen

www.sanacell.de

www.bormia.de

Frische Wildkräuter

www.wilde-7.de

www.wild-kraeuter.de

www.naturkräutergarten.de

Internationale Vitalkostmesse

www.rohvolution.de
Die Messe bietet einen hervorragenden Überblick über die lebendige Nahrung. Sie findet jährlich in Berlin, Freiburg, Speyer und Mülheim a. d. R. statt.

Universelle Lebensenergie

www.lebensenergie-konferenz.de
Mehr vom Leben haben: das Forum für alle Lebenslustigen

Life-Coaching, Inspiration, Weiterentwicklung

www.andrea-nossem.de

www.raum-und-gesundheit.de

www.livingmasterclub.com

Bio-Verbände

www.biodukte.de/biosiegel

Sachregister

A

Abendessen 33, 82
Abnehmen 98
Abwechslung 44
Ackerschachtelhalm 111
Alkaloide 44
Allergien 26
Aloe vera 55, 110
Alzheimer 104
Aminosäuren 24
Anti-Aging 102
Antioxidanzien 11, 36, 102, 105
Atemwegserkrankungen 26
Avocado 111

B

B-Vitamine 86
Ballaststoffe 19, 27, 100
Bauchspeicheldrüse 84
Baumblätter 45, 54
Beeren 52
Beerensträucher, Blätter 55
Bio-Lebensmittel 41
bioaktive Stoffe 22
Biophotonen 61
Biosiegel 43
Bitterstoffe 70
Blasenentzündung 106
Blätter von Wurzelgemüse 56
Blattgemüse und -salat 40, 45, 53
Blüten, essbare 54
Blutzuckerspiegel 36
Botenstoffe
Brainfood 84
Brennnessel 49
Brombeerblätter 49

C

Carotinoide 22
Chlorophyll 28, 100
Cholesterinspiegel 27

D

Darm, gesunder 100
Darmflora 100
Dekorieren 62
Divertikulitis 27
Dopamin 87

E

einfrieren 63
Eiweiß 24, 112
Entgiftung 96
Entgiftungserscheinungen 16
Entsaften 36
Entschlackungskur 90
Enzyme 19, 22
Epicatechin 85, 88
Erkrankungen 18, 24, 80
Ernährungsgewohnheiten 84, 79, 91, 106
Ernährungsumstellung 12
essenzielle Aminosäuren 24

F

Farn 50
Fasten 90
Fettsäuren 27
Fettsäuren, ungesättigte 87
Fifty-fifty-Regel 33
Flavonoide 22
Flechten 50
Folsäure 86
Frauenbeschwerden 106
freie Radikale 11, 80, 102, 116
Freundschaften 114
Frucht-Smoothies 11
Fruchtgemüse 52
Frühstück 58, 79
Fuchsbandwurm 46

G

Gartenkräuter 53
Gehirn 84
geistige Fitness 84
Gewürze 55
Giersch 48
Giftpflanzen 46
Granatapfel 111
grüne Suppe 63, 74
grüner Pudding 63, 76
grünes Eis 73
Grünzeug-Kiste 42

H

Haltbarkeit 63
Harnsäure 24
Harnwegsbeschwerden 106
Haut, gesunde 108
Heilfastenkur 96
Hungergefühl, gesundes 58

I

Immunsystem 80
Insulin 84
Isoleucin 87

J

Jo-Jo-Effekt 98

K

Kakaobohne 88
Kalium 89
kalte Jahreszeit 80
Kerne 52
Kinder 26, 72, 88
Klimakterium 106
Konsistenz 63
Krebsvorbeugung 28, 116
kühlen 60

L

Lebenslust 114
Lebensstil, gesunder 80
Leistungsfähigkeit 84
Liebesleben 114
Löwenzahn 49, 110

M

Magen-Darm-Beschwerden 26
Magensäure 100
Magnesium 89
Makronährstoffe 19
Meerespflanzen 55
Menstruationsbeschwerden 106
Mikronährstoffe 19
Mineralstoffe 23, 57
Mixbehälter 38
Mixdauer 61
Mixer 36, 38
Moos 50
Moringa 105
Muskelaufbau 112

N

Nachhaltigkeit 8
Nervensystem, gesundes 86
Neurodermitis 26
Neurotransmitter 86
Nüsse 60

O

Obst 52
Obst, (un)reifes 41, 77
Obstbaumblätter 55
Omega-Fettsäuren 27, 87
Oxalsäure 44
Öle als Zutat 56, 77

P

Partnerschaft 114
Pausensmoothie 72
Pestizide 41
Pflanzengrün 44
Phosphor 89
Phytosterine 22
Polyphenole 88
prämenstruelles Syndrom 106
Pürierstab 36

R

regionale Produkte 40
reinigen 63
Rohkost 20, 33

S

Saft 36
Saponine 22
Sauerstoffradikale 11, 80, 102, 116
Schadstoffe 41
Schaumbildung 61
Schlacken 90
Schlaf, guter 82
Schlafstörungen 82
Schwangerschaft 86, 106
Schwebstoffe 62
seelisches Wohlbefinden 84
sekundäre Pflanzenstoffe 22, 102
Selbstverwirklichung 16
Selen 88
Serotonin 86
Sodbrennen 77
Sprossen 53
Spurenelemente 23, 57, 102
Stillzeit 106
Stopfer 38
Stress 82, 102
Süßhunger 98

T

Threonin 87
Tiefkühlware 40
tierische Lebensmittel 24, 90
Transfette 88
Trinkmenge 61
Trinktemperatur 62
Trockenobst 60
Tryptophan 87
Tyrosin 87

U

Übersäuerung 24
Umfüllen 63

V

Verdauung, reibungslose 100
Verdauungsstörungen 33, 100
Vergesslichkeit 104
Verwechslungsgefahr 46
Vitalstoffe 57
Vitamin B 59, 86
Vitamin C 86
Vitamin E 86

Vitamine 23, 40, 57, 59, 86, 102
Vitamine, künstliche 23
Vorbeugung 18
Vorpürieren 60

W

Waldpflanzen 50
Wasserfilter 51
Wasserqualität 50
Wechseljahre 106
Wegerich 48
Wildkräuter 46, 54
Wildkräuterblüten 54
Wildkräuterwanderung 47
Wohlstandserkrankungen 24

Z

Zink 88
Zubereitung 11, 33
Zucker 84
Zutaten 52
Zutaten einweichen 60
Zutaten waschen 59
Zutaten zerkleinern 60
Zutaten, bedingt geeignete 56
Zutaten, ungeeignete 56

Rezeptregister

A/B/C

Anamisu 76
Ausputzer 101
Banana Joe 68
Beerentraum 118
Bellissimo 109
Brainy Choco 89
Brainy Matcha 89
Brombeermund 99
Chili Lily 75
Crema Banamela 76

D/E/F

Daisy's Daydream 70
Die Weisheit vom Löffel 89
Duft der Provence 70
El Clásico 119
Entlastungstage 97
Entschlackungskur 92 ff.
Evening Special 83
Fastenbrechen 97
Feigenblatt 113
Fruity Beauty 109

G/H

Goldener Apfel 104
Granada 104
Grundrezept für den Gute-Nacht-Smoothie 83
Grünes Licht! 70
Guacapacho 75
Herby 119

J/K/L

Jeanne d'Arc 107
Jungbrunnen 104
Kirschenhimmel 115
Kiwi & Kohl 70
La dolce vita 99
La Vera 104
Lila trifft Grün 118
Löwenzähnchen 109

M/N/O

Mangogold 99
Meeresgöttin 109
Mister Green 101
Mousse au Coco 76
Nord-Süd-Verbindung 68
One in a million 109
Oriental 80

P/Q/R

Papayaya 115
Pfirsichzart 109
Pina salada 104
Popeye 67
Quantensprung 101
Quer durch den Garten 70
Rosengarten 115

S

Schokokuss 115
Schöne Winzerin 104
Siebengescheit 89
Silberstern 107
Spirulinissima 74
Stern des Südens 99
Strawberry Fields 68
Superheld 113
Superheldin 107
Süß & würzig 68
»Süßes oder Saures!« 118
Sweet & Spicy 119
Sweet Dreams 68
Sweet Tatsoi 101

T

Tomatissima 74
Trapper 113
Träumen unter Palmen 68

V/W/Z

Venus in der Wiese 107
Wachmacher 70
Waldeslust 119

Wasserfee 107
Weinberg 118
Wikinger 113
Zimtstern 80

Zutatenfinder

Falls Sie auf eine bestimmte Zutat Lust haben oder Ihre Einkäufe beziehungsweise Vorräte verwerten möchten, finden Sie hier die jeweils passenden Rezepte im Buch.

A

Ackerschachtelhalm 109
Afa-Algen 109
Agavendicksaft 72, 115
Aloe vera 89, 93, 104, 109, 115
Ananas 68, 72, 76, 92, 93, 97, 99, 101, 104, 109, 115
Apfel 67, 70, 72, 76, 83, 89, 94, 99, 101, 104, 107, 115, 118, 119
Aprikose (getr.) 72, 107, 109
Aprikose 94, 99, 109
Avocado 70, 74, 75, 76, 89, 93, 99, 101, 107, 109, 113

B

Babyspinat 67, 70, 72, 74, 76, 83, 92, 107, 109, 115
Baldrian 83, 93
Banane 67, 68, 70, 72, 76, 83, 89, 92 ff., 97, 99, 101, 104, 107, 109, 115, 118, 119
Basilikum 68, 75, 93, 101
Birne 68, 70, 89, 93 f., 97, 104, 107, 115
Blattsalat 68, 89
Blutorange 80
Breitwegerich 70
Brennnessel 68, 74, 93 f., 101, 107, 113, 119
Brokkoliblätter 113
Brombeerblätter 92, 118
Brombeeren 92, 94, 99, 101, 118
Brunnenkresse 101

C

Cayennepfeffer 75, 89
Chiasamen 76, 107, 115
Cranberrys 83

D

Datteln 68, 76, 80, 89, 101, 109, 113, 119
Dill 75, 115
Durian 113

E/F

Eichblattsalat 68, 99, 107, 115
Endivien 94
Erdbeeren 68, 93, 97
Feige (getr.) 80, 109, 113
Feige 75, 99, 107
Feldsalat 68, 70, 75, 76, 92, 107, 109, 115
Fichtentriebe 113
Flohsamen 101
Frauenmantel 107
Frisee-Salat 70
Frühlingszwiebel 75, 93

G

Galia-Melone 109
Gänseblümchen 70, 119
Giersch 68, 72, 93, 104, 109, 118
Gojibeeren 92
Granatapfel 104, 107, 115
Grapefruit 70
Grünkohl 68, 92, 101, 104, 109, 113, 118
Gundelrebe 89, 119
Gurke 68, 101, 115

H/I/J

Hanfsamen 93, 101, 107
Haselnussblätter 74
Heidelbeeren 89, 92, 94, 101, 104, 107, 113, 119
Himalaya-Salz 75, 89, 93, 101
Himbeerblätter 118
Himbeeren 83, 92, 109, 118
Honig 83, 92, 107
Honigmelone 94, 97, 99
Hopfen 83
Huflattich 109
Ingwer 68, 70, 80, 92 f., 101, 113, 115, 118, 119
Johanniskraut 83, 107

K

Kakaobohnen 89, 104, 115
Kamille 83, 92
Kardamom 80, 89
Kirschen 68, 104, 115
Kiwi 70, 92, 93, 97, 104, 118
Klee 94
Kohlrabiblätter 67, 72, 92, 99, 109, 113

Kokosmilch 104
Kokosmus 68, 72, 76, 89, 104, 113
Kopfsalat 89, 92, 99, 113

L

Lavendel 83, 93
Leinsamen 70, 92, 99, 104, 109, 113
Limette 83, 99, 109
Lindenblätter 70, 92, 94, 109, 115
Löwenzahn 92 ff., 101, 109, 113, 118, 119
Löwenzahnblüten 72

M/N

Mandarine 80
Mandelmus 94
Mandeln 113
Mango 68, 72, 89, 93 f., 97, 99, 104, 107, 115, 119
Mangold 68, 70, 76, 83, 89, 92 f., 97, 99, 113, 115, 118
Mariendistel 118
Matcha 89, 104
Maulbeeren 94, 118
Minze 72, 89
Möhrengrün 67, 113
Mönchspfeffer 107
Muskat 83
Nektarine 68,

O

Obstbaumblätter 70
Oliven 70, 74
Orange 68, 70, 72, 76, 80, 89, 92, 99, 107, 109

P

Pak Choi 101, 104, 119
Papaya 93 f., 99, 109, 115
Paprika 75, 89, 101
Passionsblume 83
Petersilie 68, 72, 92, 97, 99, 104, 113
Pfirsich 72, 92, 94, 97, 109, 118
Pflaumen (getr.) 92, 118
Porree 101
Portulak 92
Postelein 68, 89, 92
Preiselbeeren 89, 107

R

Radieschengrün 68, 109
Römersalat 70, 72, 76, 92, 97, 99, 107, 115
Rosenblüten 115
Rosenkohl 89
Rosinen 94, 104
Rosmarin 70, 89, 93, 109
Rote-Bete-Blätter 70, 118
Rucola 70, 80, 109, 118

S

Salbei 70, 93, 109
Sanddornblätter 89
Sauerampfer 92, 118, 119
Schafgarbe 89, 94, 107, 119
Scharbockskraut 101, 104, 113
Schnittknoblauch 75, 89, 101
Schnittlauch 89
Schwarzkohl 80, 113
Shilajit-Pulver 115
Spinat 80, 83, 89, 92 ff., 97, 99, 104, 107, 109, 113
Spirulina-Algen 74, 109
Spitzkohl 97, 115
Spitzwegerich 89, 94
Staudensellerie 70, 74, 75, 115
Steinklee 83
Stevia 107
Sultaninen 72

T

Tatsoi 80, 101, 107, 118
Taubnessel 83, 92
Thymian 93
Tomate (getr.) 93
Tomate 70, 74, 75, 93
Traubensilberkerzenextrakt 107

V/W

Vanille 93, 115
Vogelmiere 93
Waldmeister 83
Wassermelone 89, 94, 97, 115
Weinbeeren 94, 97, 104, 118
Weinblätter 97, 104
Weißer Gänsefuß 89, 119
Wirsing 70, 94, 99, 101, 119

Z

Zimt 80
Zitrone 68, 70, 74, 83, 89, 92 ff., 99, 101, 104, 107, 109, 113, 115, 118, 119
Zitronenmelisse 92, 94
Zucchini 75
Zucchiniblätter 113
Zucchiniblüten 113
Zuckermelone 83

Impressum

Aktualisierte Neuausgabe von Grüne Smoothies, GRÄFE UND UNZER VERLAG 2012, ISBN 978-3-8338-2617-7

Projektleitung: Reinhard Brendli
Lektorat: Barbara Kohl
Bildredaktion: Julia Fell
Umschlaggestaltung und Layout: independent Medien-Design, Horst Moser, München
Herstellung: Martina Koralewska
Satz: Kösel, Krugzell
Lithos: Repro Ludwig, Zell am See
Druck und Bindung: Schreckhase, Spangenberg
Printed in Germany

ISBN 978-3-8338-4036-4

1. Auflage 2014

GRÄFE UND UNZER

Ein Unternehmen der
GANSKE VERLAGSGRUPPE

Bildnachweis

Fotoproduktion: Fotostudio Eising/Martina Görlach
Weitere Fotos und Illustrationen: Victoria Boutenko: S. 14; Corbis: S. 73 (M.); Das kleine Zebra: S. 72 (re.); dpa picture-alliance: S. 47; Fotolia: S. 18, 21, 35 (re.), 40, 52, 55, 73 (u.), 85, 105, 111 (o., u. li.); Getty Images: S. 66; Glow Images: S. 48 (re.), 84; Burkhard Hickisch: S. 2, 8; iStockphoto: S. 49 (M.); Kramp + Gölling: S. 34 (re.), 49 (o.), 111 (u. re.); Claudia Lieb: S. 10, 17; Mauritius Images: S. 6, 48 (li.); Plainpicture: S. 78; Privat: S. 4; Shutterstock: S. 29, 49 (u.), 88, 110, Klappe hinten innen; StockFood: S. 5; Stocksy: S. 32, 57, hintere Umschlagseite (o.)
Syndication: www.jalag-syndication.de

Wichtiger Hinweis

Alle Ratschläge und Rezepte in diesem Buch wurden von den Autoren sorgfältig recherchiert und in der Praxis erprobt. Dennoch können nur Sie selbst entscheiden, ob und inwieweit Sie diese Vorschläge umsetzen können und möchten. Lassen Sie sich in allen Zweifelsfällen zuvor durch einen Arzt oder Therapeuten beraten. Weder Autoren noch Verlag können für eventuelle Nachteile oder Schäden, die aus den im Buch gegebenen praktischen Hinweisen resultieren, eine Haftung übernehmen.

QUALITÄTS GU GARANTIE

Liebe Leserin, lieber Leser,

haben wir Ihre Erwartungen erfüllt? Sind Sie mit diesem Buch zufrieden? Haben Sie weitere Fragen zu diesem Thema? Wir freuen uns auf Ihre Rückmeldung, auf Lob, Kritik und Anregungen, damit wir für Sie immer besser werden können.

GRÄFE UND UNZER Verlag
Leserservice
Postfach 86 03 13
81630 München
E-Mail: leserservice@graefe-und-unzer.de

Telefon: 00800 / 72 37 33 33*
Telefax: 00800 / 50 12 05 44*
Mo–Do: 8.00–18.00 Uhr
Fr: 8.00–16.00 Uhr
(gebührenfrei in D, A, CH)*

Ihr GRÄFE UND UNZER Verlag
Der erste Ratgeberverlag – seit 1722.

Umwelthinweis

Dieses Buch ist auf PEFC-zertifiziertem Papier aus nachhaltiger Waldwirtschaft gedruckt.

www.facebook.com/gu.verlag